教海探航：
体育教学模式的创新性构建研究

张亮亮 著

中国商业出版社

图书在版编目（CIP）数据

教海探航 : 体育教学模式的创新性构建研究 / 张亮亮著 . -- 北京 : 中国商业出版社 , 2022.8
ISBN 978-7-5208-2186-5

Ⅰ . ①教… Ⅱ . ①张… Ⅲ . ①体育教学 – 教学模式 – 研究 Ⅳ . ① G807.01

中国版本图书馆 CIP 数据核字 (2022) 第 152381 号

责任编辑：陈　皓
策划编辑：常　松

中国商业出版社出版发行
（www.zgsycb.com　100053　北京广安门内报国寺 1 号）
总编室：010-63180647　编辑室：010-83114579
发行部：010-83120835/8286
新华书店经销
定州启航印刷有限公司印刷
*
710 毫米 ×1000 毫米　16 开　13.5 印张　210 千字
2022 年 8 月第 1 版　2023 年 1 月第 1 次印刷
定价 : 78.00 元
*　*　*　*
（如有印装质量问题可更换）

前言

随着高等教育改革和学校体育改革的不断深化，体育教学模式的研究逐渐成为一个热点领域。我国高校通过对各种体育课程教学模式的实践研究和探索，在传统教学模式的基础上进行了大胆的尝试、发展和改进，涌现出了一些相对比较成熟的如“三段型”“并列型”“一体化型”“俱乐部型”“体育超市”等体育教学模式。广大体育教育工作者依据各种新的体育教学思想和体育教学理论，结合普通高校体育教学实践及其课程改革中存在的问题，通过思考、构思、实验与理论总结，提出了比较有代表性的几类教学模式。这些研究成果的涌现，深化了体育工作者对体育教学的认识，有利于体育教学质量的提高。

为构建适应时代发展要求的现代体育教学模式，高校应高度重视体育社团的作用，创造条件新增设一些时尚富有活力的、为年轻大学生所喜爱的运动项目，大胆探索采用有偿性双向选择式的教学组织形式来进行体育教学；同时构建具有学校特色的、丰富合理的学科课程结构，完善课程管理体制，更新教师理念，提高教师业务素质，切实提高大学生的校园体育生活质量以及终身体育意识。教学改革中一个关键性问题是教师如何运用适当的方式有效地促进学生的学习，开发学生的潜能，即全面实施素质教育。教学模式就是在一定的教育思想指导下，为完成规定的教学目标和教学内容，对构成教学的诸要素所设计的相对稳定的组合方式及其活动程序。它涉及教学系统、教学过程、教学形式和教学方法。因此，教育思想的转变必然会引起教学模式的转变。体育教学是高校体育教育中的一个重要组成部分，体育教学模式作为体育教学论和体育教学实践紧密结合的产物，既是体育教学论在体育教学实践中的应用，又是体育教学经验系统化、理性化的概括，它和教与学的关系最为密切。因而对体育教学进行模式化研究具有极为重要的实践价值，体育教学模式的研究逐渐成为一个热点领域。

自改革开放以来，我国普通高等学校的体育教学一直在不断的探索和发展中前进，努力致力于高校体育与社会体育和终身体育相接轨，让在校学生尽快适应当今社会激烈的市场竞争，从而形成适应新形势发展的体育教学人才培养模式。因此，全面认识当前普通高等学校的体育教学现状，有助于更好地探索普通高校体育教学改革的新思路。

目录

第一章　体育教学模式概述

第一节　体育与体育教学

一、学校体育的宗旨定位与秉承理念

（一）学校体育的宗旨定位

学者高清海将人的生命分为“种”生命和“类”生命，两种生命的共同发展才可称之为“完整人”的发展。这两种生命的区别，从我们平常所说的个体生命与社会生命、自然生命与文化生命、肉体生命与价值生命、本能生命与智慧生命等的关系中就能理解，因为它们大体上是相当或对应的。生命的双重性本质就意味着，“人”与动物在存在本性、生存目标、价值意义等种种方面已经完全不同，因而我们也就不能再像过去那样，用“物种”的观点去审视人，把人看作具有某种附加值的“动物”。人的双重生命必须经历两次生成，只有在有意识的“做人”中才会成为人。个体从父母处获得的自然生命只能看作具备做人的基础，只有通过做人的学习阶段获得“类”的第二生命之后，才能算作完整的人。而他们将会成为什么样子的人，那要看个人怎样去对待“做人”和怎样塑造自己的“人格自我”。[①]

---

① 高清海.人就是人[M].沈阳：辽宁人民出版社，2001：8-9.

马克思曾经指出，作为社会中的个体，人不是抽象意义上脱离了现实生活而存在的人。“人的本质就是一切社会关系的总和。”换言之，在社会现实关系中，一个全面占有自我本质的人，才称得上“完整的人”。1964 年，马尔库塞出版了著作《单向度的人》，其中指出，“现代工业社会的技术进步，使人们内心生活完全孵化，缺乏反对的创造性思想，人成为一切按照技术理性的要求行事的单纯工具”。清华大学徐葆耕教授在 20 世纪 90 年代就掷地有声地指出，“当前‘科技与人文’分离的结果，就两个极端而言，出现了两种畸形人：只懂技术而灵魂苍白的‘空心人’和不懂科技、侈谈人文的‘边缘人’①”。21 世纪初，中国科学院院士杨叔子先生再一次强调，“科学追求真理，对外在的客观世界负责；人文追求善意，对内在的精神世界负责。既求真又求善，才能有利于形成正确的人生追求，才称得上是真正的素质教育”。以上几位学者所强调的均指向一个问题，即人的非完整性发展。

当前学校体育中出现的实践问题，在不同程度上使人的完整性、丰富性和具体性被简单化、抽象化，成为“碎片化”的工具性存在。因此，从相当程度上说，要促进当代学校体育进一步发展，使其回归“本意的身体教育”，就需要学校体育把“完整的人”作为宗旨和定位，承担起培养“完整的人”的价值目标。关怀“完整的人”，关照“人的完整性”，应当是当代学校体育改革与发展的观念性前提。②

（二）学校体育秉承理念

在近代，裴斯泰洛齐和康德受卢梭教育思想的影响，率先表述了人的全面发展能力，而这些能力的发展又必须照顾到他们的完全平衡。康德认为人始终处在未发育完全的状态，需要教育使其进步成长。随后，赫尔巴特将前人思想加以扩展，指出教育的目的应是发展学生多方面的能力和兴趣。再后来，同样受裴斯泰洛齐影响的斯宾塞，于 19 世纪 50 年代末 60 年代初分别讨论了“德、智、体和谐发展”的教育目的传统。随后，马克思又在这些教育思想的基础上，超越了“人性论”的狭隘视

① 刘系民．科技行为的道德选择与人文精神向科技的融入 [J]. 河南师范大学学报，2000（4）：38-41.

② 沙金．全面发展视域中的学校体育 [D]. 长春：东北师范大学大学，2012：86-87.

野，从劳动发展史中扩展和完善了“人的全面发展”内涵。马克思关于人的全面发展理论，不仅弥补了传统教育目的理论的缺陷，也克服了迪尔凯姆、杜威一类偏重于个人社会化的弊端。

人的全面发展始终作为学校教育的重要命题，同时也是体育发展的核心内容。在体育领域，体育对于人的全面发展，是一个从生理、心理和社会等各方面塑造人的过程。在现实生活中，体育不仅仅要发挥增强身体素质的功能，更要从精神层面发挥对人的全面塑造功能。

人的全面发展无疑是个体身心的一体化健全发展，而全面发展的教育可划分为针对人的“体”和针对人的“心”两方面的教育内容。在“五育”（德育、智育、体育、美育、劳育）之中，体育专以个体身体素质的提高为主要目标，故可以划入针对身体教育；而德育、智育、美育专以个体内心世界的丰富为主要目标，故可以划入针对内心教育或精神教育；至于劳动技术教育，其中既有“育体”的成分，也有“育心”的内容，是受教育者身心素质在现代生产实践中的具体运用，也是教育与生产劳动相结合的桥梁和纽带，故可以将其视为身体教育和内心教育相融合的一种有效途径。按照此种划分方式，若将德育、智育、美育所共同构成的专以个人内心世界为对象的教育称之为“心育”，那么，“身体的教育”实际直接与“心育”、劳动技术教育相对应，而德育、智育、美育则构成“心育”的下属概念，它们并非像传统“五育平行”论中所设想的那样与“身体教育”形成同层的并列关系。

确定“身体教育”与其他“四育”的非并列关系并不是要将全面发展教育人为地割裂开来，其目的在于促使“五育”的逻辑结构更加合理。“身体教育”是心育、劳动技术教育得以顺利实施的基础。对于人的“心”而言，肢体的活动势必会影响大脑和神经系统的发育，使个人潜在的智力和精神活动能力得到充分的发展，既为受教育者内化知识提供直接的物质保障，又使受教育者在学习之余调节心情，为进一步的学习和效率的提高提供可能，此为“身体教育”对智育的积极作用；通过长时间的体育锻炼，可以在各种共同协作、互相竞争的集体活动中培养受教育者勇敢、顽强、进取的精神以及良好的纪律感、责任感、荣誉感，使他们在身体发展的同时形成高尚的道德素养和坚强的意志品质，此为“身体教育”对德育的积极作用；“身体教育”可以塑造受教育者健美的体态，使人体肌肉丰满、姿势正确、动作协调、精神焕发，给人以形态和行动的美感，并在一定程度上促使受教育者形成鉴赏美、创造美的能力，此为“身体教育”对美育的积极作用。在劳动技术教育内部，“身体教育”对受教育者身体素质的增强、手脚灵活程度的提高有很大影响，有助于他们掌握娴熟的现代生产技能。因此，“身体教育”对个人的全面发展有着基础性和整体性的影响，而全面发展教育的实施必须依存于“身体教育”。[①]

二、学校体育的思想基础

（一）学校体育的核心点：健身育人

从健身产生与发展的历程来看，世界各国对健身这一活动过程的称谓及其内涵也不尽相同。在古代，无论东西方，人们都认为健身就是强健体魄、修炼身心。有所不同的是，古希腊人的健身观念和方式较为注重人外在形体的塑造；中国古代的健身观念和方式则倾向于身体的内在养护和保健。直到20世纪90年代，国内“健身”一词才明确出现，并且将健身理解为“以体育运动或其他体育项目为基本手段，增进机体健康为目的的一种身体活动”。凡是符合以上要求的均可称之为健身活动（或运动健身）。20世纪90年代后期，随着国外大量先进的健身方面的文献和资料的引入，国内的专家学者对健身一词有了更深入的理解。如林笑峰先生认为：“人类的身体需要建设，这是客观需要。‘健身’究其根本便是对人身体的建设，或者说是对人身体素质的提升。同样，人的大脑作为人身体的重要组成部分，是人体的中枢系统。因此，健肢体和健大脑相结合才是‘健身’的完整意蕴。”同时，90年代的大多数学者，在他们的著作中对“健身”也作出了类似的论述。比如朱金官将“健身”定义为：“是人们以适当的身体锻炼为方法手段来达到强健体质的目的。”林建棣等人认为：“健身的实质就是健全人的身体、增强人的体质。”[②] 通过以上几种对“健身”的理解，我们可以清楚地认识到，“健身”实质就是指增强人身体素质，提升人体健康状态，增加人的积极情绪体验，以

① 沙金．全面发展视域中的学校体育[D]．长春：东北师范大学，2012：23-24.

② 林建棣．体育健身指南[M]．广州：华南理工大学出版社，1997：23-24.

提高生活质量的一种科学系统的身体活动方式。其概念可以定义为：运用各种体育手段，结合自然力和卫生措施，以发展身体、增进健康、增强体质和娱悦身心为目的的身体活动过程。健身不仅包括提升机体的健康状况，也包括使人的智力和社会化保持良好、积极状态的行为。健身在让机体免受疾病困扰的前提下，还能够使其健康状态得到积极的提升。健康的人有很高的心肺功能和智力，有良好的社会交往以及良好的机体免疫力。

用“健身”这一现代汉语用词，一方面能够同中国古代语言词汇中的“养生”一词内涵相对应；另一方面，也可以概括目前国际上广泛使用的“身体发展”“完善人体”等词语。我们选用健身一词来标记“养生”“身体发展”“完善人体”这些词语，所表现的核心就是人类的身体建设（或健全人的身体），不仅是外在体质的强健（由弱到强），也是对在遗传变异过程中存在的缺陷的完善和健全。

（二）学校体育的起始点：增强体质

关于体质，在中医学史上有过几种不同的用词，如明代医家张景岳以“气质”而论；清代医家叶天士称“体质”，而近代陆晋生复以“体气”相称。所以，体质一词在古代医家曾有过混称现象，其所指的内容亦各有差异。受古代医学发展及客观历史条件的限制，其概念的不统一也是必然的。自20世纪70年代末中医体质学说提出以来，尽管其学科理论已被中医学界所广泛承认并促进了中医学的理论和临床学的发展，但体质概念的问题，并没有得到圆满解决。目前，我国体育科学领域在基于人类学和医学基础上，提出的比较有代表性的定义是：“体质是指人体的质量，它是在遗传性和获得性的基础上表现出来的人体形态结构、生理功能、运动能力、适应能力、心理因素方面相对稳定的特征。”定义中涉及五大方面来评价体质水平。

近年来，随着社会的发展和科技的突飞猛进，信息社会的生活方式和生活状态对人类的体质提出了与以往不同的要求。人们对于体质的理解和研究也越加深入和广泛。如西方发达国家对体质的认识，从“展现个体能够进行身体活动到达何种程度的状态”到“可以游刃有余地处理日常生活、工作中相关身体活动而不会感到乏累的身体状态”，直至目前被广泛认可的“具备健康的体质表明个体可以充分展现自身运动能力、良好的精神状态和预防日常因运动不足而产生的疾病”。

体育不是智育或美育，而是身体的教育，是完善人体的教育，它的本质是通过学习科学的健身和体育锻炼的方式、方法以及培养健身理念来达到增强体质的目的，最终实现个体身体的完善，是其他任何教育都不能代替的。

（三）学校体育的延伸：促进健康

随着社会、经济的不断发展，健康的内涵逐渐被人们所丰富。然而，我们对体育与健康的相关研究，多数关注的是“健康是什么”（它的组成），却忽视了“健康为什么”（它的作用）。要想真正厘清“体育”与“健康”的相互关系，我们有必要对“健康”重新加以审视。

古人曾指出：“体壮曰健，心怡曰康。”其实质就是把健康看作一种状态。我国传统中医理论始终以“天人合一”为主导思想，注重个体生命与自然环境的和谐共生。人的生命活动如果逆天地、自然而为之，那么必然会出现病态。近年来我们经常提到的“亚健康”，也被定义为介于健康与疾病之间的一种状态。在古代，“疾”与“病”含义不同。“病”尚在最初未被察觉的状态称之为“疾”；如果不及时用有效的方法医治和祛除，“疾”便会演化成“病”。古人提出的治“未病”，并不是说机体没有病，而是身体内部出现了不协调的状态（也就是处于“疾”），如不及时加以治疗，就会导致体内气血、阴阳紊乱，最终以“病”的状态体现在体外。

现有研究已经表明，影响健康的因素包括四大领域：身体环境、遗传因素、有效的卫生保健、日常的生活方式和习惯。就学校体育同健康的关系而言，学校体育从改善身体环境方面的确会对健康产生积极影响。学校体育的实施不能以身体健康促进作为唯一诉求，但其实施却是以身体健康状况为依据。进行规律而适度的身体活动，得到身体健康是必然的结果。学校体育教学过程给卫生、保健知识的传授，健康生活态度的养成，以及健康的生活实践提供了最真实的情景，相比其他教学，最易产生正向迁移的积极教育效果。把健康作为学校体育的一个学习领域和目标，能收到相辅相成、相得益彰的良好功效。

三、对学校体育本质的认识

我们对学校体育的理解应在学校这一场域中以教育的眼光来审视。“学校体育”由“学校”和“体育”两个核心词语共同构成，其中，“体育”标明它的“属”，使“学校体育”与一般的非体育类的实践活动区分开来；“学校”标明它的“种差”，使“学校体育”与其他的体育实践活动区分开来。因此，对学校体育概念的探讨，需同时兼顾“学校”和“体育”的特殊之处。所谓“学校体育”，是指在学校教育场域中，为增强受教育者（主要为中小学生和大学生）身体素质、促进受教育者身心协调发展，教育者按照一定的教育目的和体育锻炼标准，根据学生身体的成长发育水平，有目的、有计划、有组织地运用体育运动的方法、形式，以帮助受教育者掌握体育锻炼的知识技能，养成从事体育锻炼的习惯而开展的身体教育活动。学校体育与学校德育、智育、美育、劳育、体育共同构成完整的学校教育体系，是作为活动形式范畴的“体育”在学校教育领域的具体体现，也是培养符合社会需要的合格人才的一项基本内容和基本途径，具体形式有体育课、课外体育活动、学校体育竞赛和课余体育训练。在学校教育领域，体育与德育、智育共同构成了学校教育的基础，它既是全面发展教育目标的构成要素，也是一种学校教育活动，还是具体的课程类型。

何谓学校体育？这不仅是进行学校体育研究的逻辑起点，更是学校体育研究者必须追问的首要问题。我国教育学家杨贤江先生对学校体育的要义曾做出了较为明确的表述：“我们学校当中所进行体育的目的，是使感觉灵敏，姿势优美，筋肉发达，内脏完整，精神充实；是使天然的一架人间机器能运用得法而且充分，经常保持光泽而且结实。总结一句话：是在造就强健而美的体质。”在这里，杨贤江先生表达的是“学校体育”的固有价值。另外，杨先生又强调说，我们的生命要求我们在身体和精神上获得双重的强健……所以，笔者希望年青一代能够清楚地认识身体教育的真正含义，并能够在健全的人生中展现出来。否则，即便没有生病，即便身体强壮，对于真正的人生也没有什么更大的价值。这一观点也充分表明了“学校体育”崇尚“心灵和肉体”双重教育的本义。把学校体育同人的培养、塑造和人生观联系起来，真正表达出了学校体育的真谛。

一个受过完整教育的大学毕业生，从小学到大学要经过16年甚至更多时间的身体教育，应该基本掌握体育锻炼的基本原理、科学锻炼身体的方法、手段，掌握科学评价自身体格的标准。科学化的身体教育可以使学生提高自身的体育素养、具备一定的体育运动能力、养成良好的锻炼习惯。同时身体教育还具备对“内在精神”塑造功能——人性修炼的功能，其关键是运用陶冶、熏陶、渗透等思想、话语和措施，去完成“润物细无声”的教化任务。身体教育运用游戏精神熏陶和净化人的心灵，并使其在体育运动的过程中体验美感。在竞技与比赛的互动中享受着愉悦的心情，在突破自我时体味畅快的感觉。因此，从人与世界互动关系上来讲，接受身体教育，融入体育运动也是个体通过身体把握世界和认识世界的最直接的一种方式。学校体育的身体教育过程可以让学生深刻地感受到运动应当是他们生活核心的重要组成部分，并将这一观点渗透在他们认知、情感和行为等所有的发展方面。健康可以通过很多方式加以改善，学校体育要做的便是让学生从以运动为主的生活方式中受益。作为人的生命和生活世界不可或缺的组成部分，身体教育在实现人自然生命、精神生命和社会生命的过程中，已经成为一种个体必要的存在和发展方式。在“人”的场域中，体育才能体现其价值。这也是学校体育的意义和对人的现实关照所在。

四、体育教学的使命与内容选择

体育教学的使命是体育教学的职责、责任，对应的是传播目的（Why）。明确体育教学的使命关系到体育教学的内容选择、方式的运用，对体育教学的效果有直接的影响。体育教学的最终目的是“全面育人”，但不同时代下教学的使命是不一样的，培养有智慧的运动者是在分析信息技术时代下体育教学的要求、学习者（数字原住民）的学习方式特点和学习需求以及体育学科特征的基础上提出来的。

体育教学的内容选择指向“体育课程应该教什么”的问题，它有三种取向，即学科知识、当代社会活动经验和学习者经验。学科知识的传播内容选择取向尊重学科知识的内在逻辑体系，但忽略了学习者的智力活动与情感体验的需求。当代社会活动经验的内容选择取向旨在培养学习者适应社会，使其成为社会所需要的人，但忽视了社会发展的速度，也剥夺了学习者的生活权利。尊重学习者的主体意识是寻求共通意义空间的基础。信息技术时代在体育教学的环境和资源日趋人性化的背景下，学习者的自主学习意识和能力逐渐增强，他们不再是教学内容的被动接受者，以学科知识和当代社会活动经验为内容选择取向已经不再适用于信息技术时代下的体育教学了。杜威认为，如果师生之间所沟通的知识不能组织到学生已有的经验中，这种知识就变成纯粹言辞，即纯粹感觉刺激，没有什么意义。以学习者经验的体育教学传播内容取向认同这样一种观点：体育教学中所承载的知识、技能、道德、情感等只有被学习者所选择、所认同、所接受的时候，才能对学习者的发展起作用。信息技术时代下的体育教学不是向学习者展示体育知识和运动技能，而是为他们提供学习的经历与体验。在以“学习者经验”为传播内容的取向下，按照竞技项目的内在规律来安排教学内容的体系被打破，以往被传统体育教学所漠视或摒弃的学习者个人履历、生活方式、体育运动习惯、知识和经验的积累等逐渐被置于体育教学内容选择的核心。

自 1978 年以来，我国体育课程的选用教材、自选内容比例呈逐年增加的趋势，体育教学的传播内容选择权开始下放到地方、学校和教师。2001 年，全日制义务教育、普通高级中学体育（1~6 年级）、体育与健康（7~12 年级）课程标准明确指出：“各地、各校和教师在制订具体的课程实施方案时，可以依据课程的学习目标，从本地、本校的实际情况出发，选用适当的教学内容。”体育课程改革的走向为践行“以学习者经验”为传播内容取向提供了空间。

根据传播学理论，学习者是体育教学活动的主动参与者，学习者之所以投入体育教学活动中，是因为其中有某些特质吸引了他，他只是对这些特质作出了回应。学习者在体育教学活动中能否真正地理解教学内容，达到预想的教学效果也取决于学习者自身对知识的建构。体育教学内容的选择只有激活学习者的兴趣，体育教师传递内容的“信息源频率”与学生的“固有频率”才会更加接近；教学双方共有的意义空间得以扩大，两者在信息交流与沟通上就更能产生共鸣，学习者才能积极地投入体育教学活动中。

为激发学习者的兴趣，提高体育教学效果，我国体育教学内容的选用密切关注学生的生活世界，注重从师生双方相接近的生活经验和文化背景范围内获取素材。当前，民族（民间）传统体育项目、现代科学的健身方法、新兴体育项目逐渐进入体育教学课堂，增添新兴时尚的体育运动项目以寻求体育教学双方共通意义空间是目前我国学校体育教学内容选择的主要途径。

综上所述，体育教学内容是师生交流的信息载体。体育教学内容选择上寻求共通的意义空间是师生进行高效互动的关键。以“学习者经验”为取向，选择切合学生生活实际和兴趣爱好的新兴运动项目作为教学内容，可以提高学生的学习兴趣和意愿。通过“信息设计”，选择、编排和整合运动素材加工成教学内容，可以让学生在传统项目的学习中获得新奇的体验，激活学生的积极性和创造力。无论哪一种途径，都需要体育教师摆脱传统教学内容的桎梏，关注学生的生活，增强对教学实践的反思，充分发挥主观能动性去提高对体育教学内容的发掘与创新能力。

第二节　体育教学模式的概念与构成要素

一、体育教学模式概念的界定

我国关于体育教学模式的研究起步较晚，发展较慢。自 1989 年一篇名为《当代五种教学论与体育教学》的论文开始，关于体育教学模式的研究逐渐引起国内外体育专家、学者的重视，出现了许多涉及体育教学模式研究的论文，这些研究为体育教学模式的理论与实践探讨作出了较大的贡献，但对体育教学模式的概念则众说纷纭，虽有共同点但没有取得一致的意见。最早关于体育教学模式概念论述的是李杰凯在《沈阳体育学院学报》1995 第 2 期上发表的《关于体育教学模式一般理论的研究》论文，其中写道：“根据教学论中关于教学模式的研究成果，结合体育教学的特点来归纳体育教学模式的科学定义，才能作出正确的结论。”

体育教学与其他理论学科的教学相比，有四个特点是体育教学所独有的：一、从学生学习的特点来说，体育教学是以身体练习为主要手段的技能习得活动，是在身体活动与思维活动相结合的过程中掌握知识技能，因此体育教学模式既要体现动作技能的形成规律，也要体现体育活动中人体生理机能变化的规律，同时还必须遵守人类认识事物的学习规律；二、从教师教的特点来说，体育教师是在较大的空间内组织教学工作的，他们不但要传授体育知识技能，还要组织学生通过锻炼练习来增强体质；三、从教学的环境来说，体育教学是在相对开放的空间内进行的双边活动，学生在课堂上有较多的交往机会，因此，许多非智力、体力因素将影响体育教学的效果；四、从体育教学的内容来说，体育运动技能的多样性决定了体育教学必须采用与内容相适应的教学模式，这种相适应的教学模式是根据不同的教学目的和不同体育技能的习得规律为依据制订的。体育教学模式必须很好地反映上述四个特点。笔者认为，所谓体育教学模式，是蕴含特定体育教学思想，针对特定体育教学目标，在特定教学环境下实现其特定功能的有效教学活动的结构和框架；是以简化形式表达的体育教学思想理论和教学组织策略；是联系体育理论和体育教学实践的纽带。最新版的《体育科学词典》中对体育教学模式的定义是："按照一定的体育教学理论或教学思想设计，具有相应结构和功能的体育教学理论或教学活动模型。"它包括教学理论或教学指导思想、教学目标、教学条件、操作程序和师生组合五个因素。

总结我国体育界对体育教学模式概念的研究主要形成了以下十种不同的界定：①体育教学模式是蕴含特定体育教学思想，针对特定体育教学目标，在特定教学环境下实现其特定功能的有效教学活动结构和框架。②体育教学模式是在一定的体育教学思想指导下，具有一定典型意义而相对稳定的课堂教学结构。它是人们可遵循的标准样式、标准结构。③体育教学模式是体现某种教学思想的教学程序，它包括相对稳定的教学过程结构和相应的教学方法体系。主要体现在教学单元和教学课程的设计和实施上。④体育教学模式是指体育教学理论在一定条件下的转化，它是用于设计课程、选择教材、规定师生活动形式的体育教学基本框架。⑤体育教学模式是体现某种教学思想或规律和原理的教学单元或教学课程的程序，它包括相对稳定的教学群体、独特的教学过程结构和相应的教学方法体系。⑥体育教学模式是体现某种教学思想或规律的体育教学活动策略和方式。⑦中小学体育教学模式是在一定教学思想和教学目标的指导下，根据对象的身心特点和教学条件以及体育教学过程的特点而设计和实施的课堂教学的模型结构和程序。⑧体育教学模式是指在一定的教学思想或理论的指导下设计和组织体育教学而在实践中建立起来的各种类型体育教学活动的范型，它以简化的形式稳定地表现出来。⑨体育教学模式是在一定的教学思想指导下，为完成规定的教学目标和任务而形成的规范化教学程序，包括相对稳定的教学过程结构、相应的教学方法体系。⑩体育教学模式是指按照一定的体育教学理论或教学思想设计，具有相应结构和功能的体育教学理论或教学活动模型。

显然，只要体育理论界还未出现一个能被普遍接受的体育教学模式的概念，那么关于体育教学模式概念的讨论还会继续下去。值得注意的是，许多学者只重视对体育教学模式各部分微观的探讨，而从总体上对其的研究和把握还不够。当前，我国在体育教学模式概念问题上百家争鸣、百花齐放。但是，体育教学模式概念界定的统一，是体育教学模式理论研究和实践的逻辑起点。笔者也无意在此对体育教学模式的概念下一个定义，但笔者认为体育教学模式概念的产生应该是归纳法与演绎法的结合与统一。

归纳法产生的体育教学模式是由长期一系列个别、特殊的教学经验而形成的一般、普遍性的教学经验的总结，是教学经验规范化、理论化的升华。演绎法是指由一般到特殊的推理方法。只要前提真，推理的方法正确，就一定能得到真结论。演绎法产生的体育教学模式是指建构者从一定的体育教学理论出发提出假设，设计出模式，即把假设转化成体育教学活动的指南，提出基本的操作策略和程序，以确保假说变成现实，从而实现预定的体育教学目标。然后在体育教学实践中去验证假说，让体育教学模式在体育教学实践中逐渐成熟并最终确定下来。应注意的是，演绎法需要归纳法的结果作为前提，而归纳法也必须和演绎推理相结合。因此，科学的体育教学模式概念要求归纳法和演绎法的统一。

但无论是采用归纳法还是演绎法，总结出来的教学模式是否合理与实用，关键还是在于该模式是否符合体育教学的规律。这就要考虑两个重大问题：第一，不仅要反映教学模式的一般规律，还要考虑体育教学模式的特殊规律；第二，要根据科学规律和人文价值来设计体育教学模式，单考虑科学、单强调人文都是片面的，单按照生理规律或心理规律也是片面的，必须两者兼顾。

二、体育教学模式的构成要素

我国《教育大辞典》中是这样诠释体育教学模式的："体育教学模式是反映特定教学理论逻辑轮廓的、为完成某种教学任务的相对稳定而具体的教学活动结构。具有直观性、假设性、近似性和完整性。"我国学者吴志超认为，体育教学模式是按照一定原理设计的一种具有相应结构和功能的教学活动的模型或策略。

通过以上资料可以发现对体育教学模式的表述只有以下两点共性：其一是体育教学模式是具有一定的结构并具有可操作性的"模块"；其二是体育教学模式的形成是建立在一定的学科理论基础之上的。所以在本书中体育教学模式的定义是在一定的教学理论基础的指导下，以一种或多种教学模型或教学策略的组合来完成体育教学的任务或目标。体育教学模式可以体现在一节体育课中，还可以体现在一个完整的单元教学中，也可以体现在一堂课的某一部分。

（一）体育教学理论与思想

体育教学理论与体育教学指导思想是体育教学模式的深层要素。体育教学模式的形成和发展都是在一定的体育教学理论或体育教学指导思想下完成的。

（二）体育教学过程结构

体育教学结构是体育教学模式的要素之一，体育教学模式通常包括体育教学过程中师生相互作用的活动方式和体育教学的操作程序等，这是在体育教学过程中的可见部分，其不同于教学指导思想的无形性，不同的体育教学模式具有不同的教学过程。

（三）体育教学方法体系

体育教学模式的核心要素就是体育教学的方法体系。不同的体育教学模式都具有与其相匹配的教学指导思想和教学方法体系。体育教学方法的重组和开发也是区别不同体育教学模式的外在表现，在教法层面上体现出其特定的表现。

（四）体育教学条件

体育教学条件是体育教学模式中不可缺少的要素，体育教学模式的实施必须具有与其相匹配的体育教学条件。如学生的体育课学习基础、体育教师的教学水平、场地设施等软硬件设施。没有相应的体育教学条件，那么体育教学模式就发挥不了其应有的作用。

第三节　体育教学模式的功能

显性功能是体育教学的本质功能，即增强学生体质，传授学生健身知识和运动技能。但无论教改模式如何创新，体育教学的显性功能都不能削弱，该项功能的价值在于，首先体现出开设该课程的初衷，也适应了新时期对学生健康状况的内在要求。毋庸置疑，无论是从历史角度来看还是从体育教学自身属性与本质来看，体育教学的重任是增强学生体质，传授学生健身知识和运动技能，使学生学会自我健身和指导，为日后的终身体育打下坚实的基础，最终实现增强学生体质的目标。体育课程开设的初衷和体育教学的目的都诠释了体育教学的显性功能。

体育运动教学还有培养提高学生智力、陶冶学生情操等诸多方面的隐性功能。体育运动可以在较短的时间内，为学生提供大量的情感体验机会，使某种品质在一次或某一时期的训练比赛过程中得到反复的强化体验，从而促进优良品质的形成。体育教学实践可培养学生顽强拼搏、不畏困难、勇于进取的良好品质，所以，德育显然是体育教学功能的又一体现。各种体育手段的调节治疗，可使人转移注意力、发泄情感、改变兴趣、降低紧张度、情绪趋向稳定。当代学生的心理问题较多，包括焦虑、心理压力大、自卑等。体育教学实践可使学生的身心得到放松，缓解学生的压力，提升自我存在感，对学生的心理有良好的改善功能。

一、增加经验的功能

人类生活需要多方面的经验，经验的发展和充实代表生活能力的提高。而人的经验绝不仅限于读、写、说、算。就品格经验而言，不懂得公平竞争，不服从法规制度，不信守诺言，不具备合作习惯等品质的人，无疑将被社会群体排斥；就动作经验而言，简单的如坐立行走、举手投足；复杂的如对距离、速度、时间的判断，趋吉避凶，应付突发事件的能力以及提高工作效率所必需的神经肌肉协调和维持有机体的正常功能而应有的操作；等等，种种动作经验，只有在实践中才能予以培养；就情绪经验而言，文明社会不允许个人不良情绪以野蛮的原始方式予以发泄，以保证社会秩序的稳定和安宁。所有上述品性和经验是一个合格公民所应必备的素质，而体育乃是对人类进行综合性生活教育的一种有效途径，它可以使个体的心智、情绪、动作经验、行为品性等，在以身体活动为中介的体育实践活动中得到发展。

二、培养提高适应能力的功能

当今社会竞争日趋激烈，只有“适者”才能“生存”。而学校体育教学正是帮助个体适应其生活环境的一种训练。虽然不同的人需要有不同的适应能力，但在今天的社会里，个人的适应能力应该是全面的，它包括身体的即生理的、心理的、社会的，不能缺其一。那么作为“以人为本，充分尊重学生兴趣、爱好”的体育教育活动，就是对学生适应能力的培养与提高。

三、改变行为的功能

体育活动所引起的经验的增加和适应能力提高，可以进一步引起行为的变化。在体育活动中，凡是合乎社会要求的行为，都因被社会的认可和接受而日益加强，反之就要受到阻止。这就可以使每个人的行为趋向于符合社会道德准则和行为规范的要求。体育活动可以培养个体机智、勇敢的行为，并使这些行为达到一种崇高的境界——机智而不投机取巧，勇猛而非恃暴斗狠。

四、健身娱乐功能

学校体育的一个重要目标是教会人们去合理、有效地利用、保护和促进身体发展，它是一种利用身体而又去完善身体的过程。人体的发展遵循着“用进废退”的生物学规律，合理而科学的身体锻炼是保障人体发挥其极限效能的有效途径。身体锻炼引起神经肌肉的活动，而神经肌肉的有效活动既可以保证人体的运动系统和其他有关生理系统的良好功能，又会引起多重益性反应。健康快乐的一生，除了有健康的身体以外，还需要有发自内心地热衷于身体娱乐活动的兴趣和情绪。现代社会在时间、财力和营养方面，为人类的身体娱乐活动提供越来越优裕的条件。现代社会的人类少不了运动与娱乐，如同人类需要饮水和食物一样。以身体活动为主要媒介的身体娱乐较其他的娱乐方式更具有“多重功效”，适度的身体娱乐活动既健身又悦心，是真正意义上的发展身心健康。

五、培养竞争意识功能

人类的生活如同在竞技场上的比赛，大到与自然竞争，小到与对手竞争，无一不是在竞争中不断地寻求完善自我和超越自我的生活。参与竞争的人必须创造条件充实自己。所谓条件，就是由竞争意识所支配的合理行为。无论是观赛还是参赛，运动场无疑为人们在生活中即将发生的竞争提供了极佳的预演场所。因为运动场本身就存在于客观的现实社会中，它是大社会当中的一个特殊的小社会，即是社会的一个缩影。依据迁移（事物之间的相互影响就叫迁移）原则，人们在运动场上所养成的良好品性和行为变化，可以迁移到日常行为模式中而成为受社会认同接纳的因素。与运动场上必有胜负一样，其他社会生活中也有得意之时和失意之处。光荣的胜者当然值得敬佩，但努力过的输家同样受人尊敬。胜不骄、败不馁，奋发向上、顽强拼搏等不应仅仅是运动员独有的品质，社会上的每个成员都应具备。从公平竞争的角度而言，运动场是培养人们具有合理竞争意识的最佳场所。现代奥林匹克运动的创始人皮埃尔·德顾·拜旦是一位教育家而不是竞技家，他曾以极大的热情在法国宣传和提倡英国的竞技体育制度。作为现代奥林匹克运动的奠基人，他通过奥林匹克运动，把体育同文化教育融为一体。在《奥林匹克宪章》中有这样一段话：“奥林匹克主义是将身、心和精神方面的各种品质均衡地结合起来，并使之提高的一种人生哲学……奥林匹克主义所要开创的人生道路是以奋斗中所体验到的乐趣、优秀榜样的教育作用和对一般伦理基本原则的尊重为基础的。”可见，奥林匹克运动能够发展到今天并对不同国度的人们产生如此重大的影响，关键在于它对于人类具有重大的教育意义。

第四节 体育教学模式的分类与应用

支配体育教学模式的规律具有复合性。这是因为指导体育教学的理论基础不仅包括教育学的基本理论，也包括体育学的基本理论，甚至还包括社会学的基本理论。当代教育，特别是素质教育，更注重现代教育理论对体育教学的指导。但是，体育教学毕竟不能完全等同于文化课的学习，其依托的理论基础必然具有两重性，即一般的教学理论和人体运动的理论。但是，从综合的角度出发一定要有层次性和顺序性，否则就会无端出现一些交叉或雷同的教学模式。当前体育教学模式的发展，特别是一些新的体育教学模式的出现，都是借鉴一般教学模式，在体育教学实践中发展起来的。例如，快乐体育教学模式源于快乐教育，小步子体育教学模式来源于程序教学等。可见，模式是一个发展的概念，它是在不断追求新思想、新方法中发展起来的。

体育教学模式也有它一定的变式。例如，快乐体育教学模式的变式包括情境教学模式和成功体育教学模式。

一、体育教学模式的分类

（一）传授动作技能教学模式

传授动作技能教学模式是一种通过教师的传授辅导和学生的接受练习，以系统掌握体育的技术、技能为中心的体育教学活动体系。其强调以学习体育的基本技术和技能为主导，遵循学生的认识规律和动作技能的形成规律，把教学过程分为感知、理解、巩固、运用等几个阶段。在学习体育技术、技能的过程中获得体育教学的综合效益，从而全面完成体育教学任务。

该教学模式是以有效促进学生掌握体育技能的方式为手段，以体育教学大纲规定的技能评定项目为主要学习内容，以运动技能形成规律为主要依据，以学生学习体育技术知识、提高体育技能为主要目标的教学形式。这种教学模式能够有效地促进学生体育技术和技能的学习和掌握，通过技术和技能的传授来完成体育教学的各项任务。

经教师引导后，学生明确了目标，通过一些直观教学手段，使学生产生感性认识，形成视觉表象，进行模仿练习和表象练习，再经过实际练习和教师指导，建立动作表象和正确的肌肉感觉，形成动作技能，而后对学习效果进行总结评价，找出存在的问题，引起教学反馈的作用。其操作程序为：引发动机—明确目标—讲解示范—练习指导—总结评价，应强调教学中教师的主导和支配作用，使整个教学活动在教师组织指导和控制下进行。由教师规定教学的目的、任务、要求等，学生依赖于教师，在教师的指导帮助下进行学习活动。教学条件为：该模式运用效果主要取决于教师的技能水平、教学的方法手段、学生学习的自觉性、体育基础、身体条件五个因素。该模式主要由“系统学习”转变而来，在当前体育教学实践中被广泛地运用。其优点在于能充分发挥教师的主导作用，也能较好地调动学生学习的积极性；能按体育学科的逻辑系统循序渐进地进行教学，使学生掌握较为系统的体育技术技能，也能保持较高的教学效率。其缺点是不能正确地发挥教师的主导作用，较难发挥学生的主动性和创造性；对不同学生不能做到因材施教，容易出现“注入式”教学。

（二）发现式体育教学模式

发现式体育教学模式是一种以发展学生创造性思维为目标，以解决问题为中心，以结构化的教材为内容，以再发现为学习方法（亦称假设法、探究法或创造式）的教学模式。发现式学习在20世纪60年代由布鲁纳提出，他说：“发现并不限于寻求人类尚未知晓的东西，确切地说，它包括用自己头脑亲自获得知识的一切方法。”[①] 这种模式是防止把学生的头脑当作一个小型图书馆，而是要让学生经历事物发生发展的全过程。在传统教学中，一般是教师演示一个实验，证明一个结论，教学过程就完成了；在发现式学习模式的教学中，则是教师要求学生观察实验，自己得出结论。看起来，教学过程即演示实验是一样的，但是二者的教学策略是不同的，教学观念是相反的，一种是接受式，一种是引导式。

发现式体育教学模式在体育教学中的运用是成功的。例如，在短跑教学中，教师首先对学生进行速度跑的教学诊断，然后向学生提问：“影

① 李鸿双，班玉生．高校体育教学管理模式及管理系统开发[J]．成功（教育），2011（3）：166-167.

响跑的速度的因素有哪些？”有的学生回答“步长”，教师就请这个学生用加大步长的方法试一试，结果其运动成绩不如教学诊断的成绩；又有学生提出“步频更重要”，教师就又请这个学生用加快步频的方法试一试，结果其运动成绩当然也不如教学诊断的成绩；最后，教师让学生在注意加快步频的同时注意适当加大步长，结果学生的成绩都有了不同程度的提高。在教学的结束阶段，教师请学生自己总结出步长与步频的意义及其相互关系。可见，发现式体育教学模式是以发展学生的创造性思维为目标，是使学生在教师的鼓励与启发下，通过主动参与各种运动实践，以发现问题和解决问题为中心的体育教学方式。

发现式体育教学模式以人对事物的认识规律为依据，其教学程序为：教师提出问题（其难度适合学生现有水平且稍难的假设）—组织提问或演示—实验性验证—得出结论或评价—在运动实践中体会练习。

发现式体育教学模式的条件是学生必须有一定的科技和体育知识、技能的储备。这种模式要求学生通过自我发现问题、归纳问题、解决问题等一系列思维活动与身体活动，从而对所学内容的掌握得更牢固、更扎实。发现式体育教学模式适用于不同年龄学生的技能和体能的教学。

（三）快乐体育教学模式

快乐体育源于我国20世纪80年代的愉快教育与日本的快乐体育，是针对学生对体育厌学的状况提出、为适应终身体育思想而发展起来的。快乐是一种心理体验，是人类情绪中的重要正情绪。需要的满足是激起快乐体验的源泉。苏霍姆林斯基说：“快乐是一种巨大的力量，它可以促进儿童好好学习的愿望。请注意，无论如何不要使这种内在的力量消除，缺少这种力量，教育上的任何巧妙措施都是无济于事的。”快乐的心理体验因人、因事、因时、因地而异。对于人来说，生物性的、来自游戏的和玩笑性的快乐体验固然重要，但是，对人有建设性的、有社会意义的活动显得更重要。快乐体育属于后者，它应包括得到人体健康发展体验的快乐，得到成功、兴趣体验的快乐以及得到尊重和信赖体验的快乐。

快乐体育追求的目标是蕴藏在体育运动中的无穷乐趣，而体育中的乐趣是独有魅力的，是体育的生命。因此，对现有的体育教材内容要重新认识和分类，构建新的教材体系，有目的、有计划地使学生体验不同教材的乐趣，从中认识体育运动的本质，体验运动的特点，增加体育教学的深度。

我国的“快乐体育”是以促进学生身体发展为基础，通过运用合理的组织教法使学生感到快乐，从而发展身心的一种教学思想。它的提出，是对以往枯燥的体育教学模式的一种扬弃。

该模式在教学指导思想上主张以育人为出发点和归宿，面向终身体育，从情感教学入手，促进体力、智力、品德的全面发展。

快乐体育教学模式在激发学生积极主动学习和培养体育兴趣方面具有独到的功效，对改革传统的教学模式有积极的意义。但该模式要求教师要善于发掘教材中蕴含的乐趣，并具备较强的启发诱导和灵活机动的教学组织能力，在教学过程中还要注意不断深化体育学习的乐趣。另外，还应注意相应的教学硬件和教学对象特点（比较适合小学生体育学习的特点）。若用之不当，则容易造成体育乐趣体验的肤浅化，并导致教学的无序和学习的低效。

（四）群体合作教学模式

传统的课堂相互作用理论只限于教师与学生群体之间彼此影响，忽略了学生同伴关系的影响力，这种把教和学的过程只看成教师—学生的双边活动实在是过于简单化了。实际上，教师在课堂上的一切行为，几乎都发生于学生同伴群体相互作用的情境之中。所以，群体合作分组结构应成为课堂教学组织的主要特征。这种群体合作的关系表明个人目标和同伴群体之间是相互依存的，它使学生感到只有和自己有关的其他同伴在达到目标的前提下，他自己才能达到个人的目标，这种结构可以在学生群体之间起到相互作用的积极效果，改善教学的整体效益。建立“互助合作小组”是实现学生群体合作目标的基本手段。

群体合作教学模式是一种新的教学结构——功能联合体，即根据学生的性别、才能倾向、个性特征、学业成绩、特长爱好、能力等诸方面的差异而建立的相对稳定的学习小组。由于群体合作分组能充分加强同学之间的相互交流、相互帮助，同时，每个成员又必须依靠自己的努力独立完成任务，将每个人的成绩相加，对每个小组的总积分进行比较，并在此基础上进行奖励与评价，最终激励了全体学生加强交流，互相帮助。群体合作小组对落后的组员只有多加帮助，大家共同进步，才能在小组比赛中取胜。小组里互勉、互助、互学，形成良好的学习氛围，因而它能够更好地保证课堂教学质量。其操作程序是：异质分组—素质均等—分工负责—个人和小组合计总分。

群体合作教学模式是在教师指导下，将全班学生分成几个异质学习小组，小组中每个成员有特定的位置，都受到重视。就群体合作的效果来说，小组的外部竞争与小组的内部协作同等重要。通过小组的外部竞争，可以培养学生的竞争意识，激发学生练习的积极性。而要使小组的外部竞争收到实效，就必须使各小组的素质大致相等，即应使各个小组基本处于同一水平线上，所以要对每个合作小组的成员进行较为严格的配置，在学生的性别、身体素质、技能、技术等方面尽量作到各组平均分配。群体合作小组是一个亲密友好的群体，小组成员不是以"专业角色"或"领导"的身份来与他人交往，而是彼此尊重、相互依赖，有共同的利益、爱好。个人在原来的起点上进行合理竞争，把各组每个成员的表现、成绩与小组总分挂钩，个人目标与群体目标很自然地具有一致性，从而使得小组成员关系融洽，并在活动中形成和谐、友好、平等的关系。

二、体育教学模式的应用

对于体育教师来说，选择合适的模式进行教学，并在此基础上进行应用创新，探索出一整套既适合自身特点，又和教学内容密切衔接的体育教学模式是十分重要的。由于体育教学模式的应用会受到多方面因素的影响和制约，因此，体育教学模式的应用应把握以下几个基本问题。

（一）深入钻研体育教学理论，把握体育教学模式的整体系统

任何一个体育教学模式除了必须蕴含现代教育理论以外，还应包括由教学目标、操作程序、实现条件、模式运作效果的评价等要素构成的体系。这些是构建体育教学模式的基本要素，而且各种体育教学模式实际上就是各种特定的相对完整的教学系统。在运用时，必须整体把握，既透彻了解其理论原理，又切实掌握其方式方法。例如，成功体育教学模式与快乐体育模式，它们所反映的主要是自身的体育价值观念各具特

点。尽管相互间也有一定的联系，但不可能全面兼容，因而也就无法相互替代。因此，只有深入钻研体育教学理论，根据教学目标、教材内容、学生情况、教学条件等具体情况，合理选择与借鉴，灵活运用，才能获得好的效果。

（二）根据教学目标和内容运用教学模式

任何教学模式都是为实现一定的教学目标服务的。教学目标和内容是选择教学模式的主要因素，即教学内容和目标决定了所采用的体育教学模式。例如，如果要让学生较快地掌握系统的技术和技能，教学内容又多属于直觉性和记忆性的内容，则可以采用传授动作技能教学模式；如果教学目标侧重于发展学生的体育能力，教材的难度适中并有一定的内在联系，则可以采用发展体育能力教学模式；对于发展学生创新思维能力的教学目标，需要学生有较强的直接兴趣和较多的相互交流，则常常采用群体合作教学模式。

（三）根据学生的年龄特征和发展水平运用教学模式

教师选择运用的体育教学模式必须和学生的接受能力相适应。学生的发展水平主要指学习能力的独立性程度。年龄越小，知识和生活经验越少，学习能力的独立性越差，对教师的依赖性就越大；反之，对教师的依赖性就越小。体育教学模式的选择和运用必须考虑到这个因素，例如，小学低年级学生由于基础知识、基本能力较差，不宜采用发展体育能力教学模式，采用情境教学模式或快乐体育教学模式的效果会更好；中学高年级则可采用发展体育能力教学模式进行教学。

（四）根据教师的可能性和教学条件选择教学模式

任何体育教学模式都要由教师来运用，而且只有在特定条件下才能运用。这里所说的教学条件主要是指教学设备、教学时间和空间等是否具备和允许。不同的教学模式有各自特定的条件和范围，在实现体育教学目标上，其功能也不同，适用的对象和所需要的条件也不尽相同，因而存在一定的局限性，不存在对任何具体教学过程都普遍有效的教学模式。因此，教师要从教学的实际条件出发，善于分析自己面临的教学情境，根据一定的指导思想确定某一体育教学模式的主要功能和次要功能，明确其适应的范围与条件，才能使体育教学模式更具有针对性。

（五）教师要根据自己的业务能力和教学经验，创造性地运用体育教学模式

体育教学模式是体育教学实践活动中有效经验的概括和升华，它为每个教师提供了开展体育教学活动的各种模型，以便于教师学习、模仿。然而，虽然教学模式已经形成，其基本结构保持相对稳定，但这并不意味着该模式从此不变了。教学模式总是随着教学实践观念和理论的发展而不断丰富、充实和完善的。教师对体育教学模式的运用不是简单地套用，而是结合自己的教学实际和个人风格创造性地发挥。独创性并不排斥对他人经验的吸收、模仿；相反，创造始于模仿，或者说以模仿为基础。例如，缺少教学经验的年轻教师主要是模仿传统的教学模式，随着个人经验的增加和水平的提高，可采用其他模式进行教学；有经验的、业务水平较高的教师可灵活采用多种模式进行教学，并能创造性地运用，不断修改，逐步完善，形成自己的教学风格。①

三、体育教学模式的选择

影响体育教学模式结构的因素很多，从体育教学模式概念中就可明确了解这一点："体现某种教学思想和教学程序，它包括相对稳定的教学过程结构和相应的教学方法体系，主要体现在单元和教学活动设计与实施上。"此外，还与教学内容、教学对象、教学条件等因素密切相关，在诸多的因素中，可以选择教学内容作为逻辑起点与突破口，对多元体育教学模式进行优化。

（一）根据不同教材的教学思想来选用不同的体育模式

体育教学思想是制订体育教学模式的灵魂，各种各样的体育教学思

① 林克明，吴绪东．我国普通高校体育教学管理模式的研究[J]．河南教育学院学报（自然科学版），2008（02）：76-81.

想赋予了具体教学模式生命力，使教学模式有了明确的方向盘，并时刻把握正确航线，最终去完成它预期的使命。为了传达某种特定的教学思想，需要精选教材内容，但由于教学思想的多元化，教学内容的选用也表现出多样性、复杂性的特点。

例如，精细教学型教材隐含的教学思想和应达到的目标已定，也为选择适当的教学模式指定了方向——应以心智类教学模式、运动技能教学类教学模式为主。其中，心智类教学模式在多项目单元教学中起到“导入式”作用，即通过情境设置（选择情境教学模式）来启发学生（选择启发式教学模式），使学生在学习正式运动技术前发现学习的意义（选择发现式教学模式），并领会其中的含义（选择领会式教学模式），充分调动学生学习的主动性、积极性（选择学生个性培育教学模式），使其进入最佳的学习运动技能状态（选择各种运动技能类教学模式）。

（二）根据单元教学不同阶段来选用不同的教学模式

在精细教学类内容中，大纲规定了各个项目的学时，以确保各个运动项目单元教学任务的顺利完成，并使学生能熟练掌握几项运动技能。因此，“单元教学”是一个非常重要的概念，它是指根据项目中的不同环节、重点主次安排不同的教学任务、教学步骤、教学方法，以确保各环节的衔接，并顺利完成完整动作的教学。由于在单元教学中存在着掌握技能的不同阶段，因而在教学的不同课次、不同阶段应有主次之分。

在初步学习动作阶段，因学生对有一定难度的运动技术缺乏了解，所以，体育教师应尽力运用学生日常生活中的经验并通过一系列设疑活动，启发引导学生尽快积极地进入动作的学习状态。此时选用的教学模式应以情境教学模式、启发式教学模式、发现式教学模式、领会式教学模式等为主；进入单元教学中的第二阶段，情况则有所变化，学生已产生了较强烈的学习动机与兴趣，为学习与练习关键技术环节做好了充分的准备，因此，此阶段应主要选择模仿式教学模式、程序式教学模式等正规的技术教学类模式，可以较系统、较全面地改进学生动作质量纠正学生错误动作，并不断进行强化练习；在单元练习的最后一个阶段中，由于学生基本掌握了所学的运动技能，所欠缺的是进一步重复练习和巩固，并注意动作的细节问题，因此，在此阶段应以选择能力培养模式、自学式教学模式、快乐教学模式、成功教学模式等教学模式为主。另外，短时的身体素质练习（5 分钟左右）可贯穿各个阶段；如要顾及学生的个性差异，还可以采用小群体教学模式，以提高教学效果。在此值得提出的是，现行的体育教学由于项目传授过多且教材的重点不分、学时有限，因而在每项技术练习过程中，单元教学学时实在太少，而造成在结束单元教学后，学生根本无法到达单元教学的第三阶段，大部分只停留在第二或第一阶段便告结束，而形成了“蜻蜓点水，学而无获，百无一会”的可悲状态，造成了体育教学的人力、财力、物力的巨大浪费。因此，中小学生各年龄段的必修教材内容所需的单元教学不同学时数的确定（以实验研究为主）亟待研究。

（三）根据教学对象基础条件和教师类型特点来选用不同的教学模式

教师是教学活动的主导，学生是教学活动的主体，主导与主体因素构成了体育教学活动的主要要素，它是教学活动要素中最重要的成分，因此在选用教学模式时，也要考虑到师生的具体情况、具体特点。

就学生而言，按不同的年龄段，主要将其分为小学阶段、中学阶段（初中与高中）、大学阶段。由于各阶段的学生在生理上、心理上存在着明显的差异，所以在教学上应因材施教，并与教学思想相对应，构造各阶段所要达成的教学目标和相应的教学模式：小学阶段应以游戏为主，以快乐体育教学模式、情境教学模式、成功体育教学模式等为主；中学阶段是学习运动技术的最佳时期，学生对运动项目产生了浓厚兴趣，并具备了一定的抽象思维能力、逻辑分析能力，因此应以选项式的技能教学为主，以启发式教学模式、发现式与领会式教学模式、运动技能类教学模式、小群体教学模式、成功体育教学模式、发展学生主动性教学模式等为主，配以每课次 5 分钟左右的身体素质练习，使他们在掌握几项技能的同时，发展身心；大学阶段则以专项教学与训练为主，加强与终身体育项目相联系的技能训练，培养体育能力，因此在继续选用技能类教学模式的同时，还可以选择体能训练类教学模式，以不断强化体能。

在同年龄段学生中也存在着体育基础、接受能力、个体个性等差异，因而也可根据不同情况采取分组教学、分层教学，并选用相应的教学模式。只有这样才能有的放矢，达到较好的教学效果。

就教师的主导因素而言，因其学历、知识结构、能力水平、教学风格等都有一定的差异，因而在选择教学模式时切不可千篇一律，追求时尚。一方面，应根据自身的实际情况、能力、水平，从众多的教学模式中选用适宜的教学模式；另一方面，要努力跟上教学改革的形势与需要，多学习，多实践，不断提高自己的水平，掌握多种教学模式，并学会选择与运用适宜教学模式的技巧。

（四）根据不同的外部教学条件来选用不同的教学模式

体育教学的教学条件较为复杂，初步可将它为两类：第一类指固定的一些硬件，如各地区、各学校的各种体育器材、设备场馆；第二类是指不固定的硬软件，如各地区、各学校的传统体育项目，现代教学手段与仪器（幻灯、模型、录像、多媒体、课件等）。优选的方法是指各硬件的不同组合形式，即针对具体的教学目标、教学内容、传统项目，合理地选择多种体育器材，并对场地进行合理的布置，且运用多种教学辅助手段，如挂图、教具、幻灯、模型、多媒体课件等，来实现不同教学目标。

从教学模式角度而言，不同的体育教学模式所选用的体育教学条件不同，但同一体育教学模式，由于选择的体育教学条件和组合形式不同，也会产生迥异的效果；另外，即使体育教学模式条件中的体育教师、学生特点、教材特点等都符合要求，但是学校的场地条件、器材条件不符合，也是不能成功的。例如，小群体体育教学模式要求的外部教学条件是具有充分的场地与器材，以便供各组学生的练习使用，因此，如果学校的场地与器材不够，就不能安排与制订小群体教学模式。

总而言之，在体育教学模式选用的诸多条件中，外部的教学条件虽然不是一个重要的因素，但也是一个不可缺少的因素。只有当重要的因素与次要的因素都满足了要求，才能很好地完成体育教学模式的制定与选择工作。

第二章　高校体育课程与教学管理

第一节　高校体育课程教学模式

高校体育课程是整个高等教育的基础课程之一，是完成高等教育目的和实现人才培养目标的主要组成部分。

高校体育教学是实施高校体育课程目标的主要途径，它已成为我国高校深化体育课程改革的核心。

我国规定普通高校一、二年级必须开设体育课，三年级以上可开设体育选修课。全国有统一的教学指导纲要，各省根据教学指导纲要制订适用于本地区内高校的体育课程指导纲要实施意见。我国20世纪80年代中期以前，高校体育课程教学模式主要沿袭苏联的规格型模式，各学校有统一的教学计划、大纲和教学、评估要求，甚至有规范的课时“教学日历”，严格规定了教材内容、前后顺序安排、运动时间分配和运动量控制方法。课程结构普遍采用“三段式”结构模式，即准备部分、基本部分和结束部分。强调统一和规范，注重教学计划和教学内容的完整性、连续性；强调教师的主体地位。教学安排主要依据人体功能活动变化规律、运动技能学习规律来具体实施体育教学工作。20世纪80年代以后，高等教育体制进行了一系列改革，逐渐建立了“健康第一”“以学生为主体”的现代教育理念和科学的教育发展观。国家体育课程教学指导纲要更注重指导性和引导性，强调体育教学基本目标和发展目标。高校体育课程也进行了全方位的深化改革，呈现出多样化的发展格局：体育课程设置由普通体育课改革为体育选项课，进而发展为教学俱乐部制；教学双边关系由“教师主体，学生主导”向“以学生为中心”“学生是学习的主体，教师起主导作用”的方向发展；由注重遵循教育规律和学生生理发展规律，逐渐向注重生理、心理和社会的三维体育教育观转变。

一、我国高校体育课程教学模式的演进

由于受不同时期教育思想变迁的影响，我国高校体育课程教学模式也经历了不同的发展阶段，形成了不同时期占主导地位的教学模式和课程设置模式。

从强调以体质教育为中心的“传习式”教学模式阶段，发展到强调学生的体育知识、技术、技能的学习，培养学生体育兴趣爱好和良好的体育锻炼习惯，从而获得终身体育锻炼能力的“教养式”教学模式。随着“以人为本”“健康第一”的现代体育教育理念的形成和科学发展观的树立，现代体育课程教学逐渐改革为“以学生为中心”“以教师为主导”的“培育式”教学模式。

（一）“传习式”体育教学模式

“传习式”体育教学模式是指在体育教学活动中，根据人体生理发展的需要和动作技能形成的发展规律，通过教师传习和学生接受方式而形成的教学活动形式或教学现象。该模式突出了体育教学健身性、教学性的主要功能，强调学生“学习体育”的教学目的。在教与学的过程中，教师占主体地位，学生处于被动学习的状态，对学生的教育效果主要体现在生理和学习知识的变化上，忽视了学生主体的学习兴趣和本体的心理性反应，不利于学生学习能力的培养。

（二）“教养式”体育教学模式

“教养式”体育教学模式是指在体育教学活动中，根据人体生理、心理发展的需要，通过教师传习和学生主体能动性反应而形成的教学活动形式或教学现象。该模式突出了体育教学健身性的主要功能和教育功能，

强调学生“学习体育”和“学会体育”的教学目的。在教与学的过程中，教师和学生处于“双边”的能动关系，对学生的教育效果不仅体现在生理性的变化上，也体现在心理活动力面。与“传习式”教学模式相比，该模式注重学生学习时的心理需要，注重学生主体性学习能力和锻炼能力的培养。

（三）“培育式”体育教学模式

“培育式”体育教学模式是指在体育教学活动中，根据人体生理、心理和社会发展的需要，通过教师和学生互动方式而形成的教学活动形式或教学现象。该模式在发挥体育教学的健身性、教育性功能基础上，强调发挥体育教学的社会功能，强调学生不仅应“学习体育”“学会体育”，而且应“会学体育”的教学目标。构建“以学生为中心”“以教师为主导”的新型师生教学关系，对学生的教育效果不仅体现在生理、心理的变化上，也体现在综合体育素质和社会适应性能力方面。与“教养式”教学模式相比，该模式注重学生的社会需要，注重综合体育素质和社会适应性能力的培养。

二、我国高校体育课程模式的设置

在贯彻现代体育教育思想，进行高校体育课程教学改革与实践的过程中，我国高校不同程度地进行了体育课程模式设置的改革，这些模式经过一定时期的发展、沉淀和聚类，基本可归结为以下三种典型模式。

（一）“选项课”“校定特色体育必通课”模式

部分高校建立了以一、二年级体育选项课教学为主体，并设以校定特色体育课程，要求每个学生必须通过校定必通课基本考核标准的课程设置模式。部分重视体育课程“课内外一体化”建设，实施课余普通运动队和高水平运动队训练“两条腿走路”的工作路子。这一模式的采用，要求体育师资力量配备充足，学校政策、财力的大力支持，教师工作待遇有较好保证等条件；同时要求学生体育基本素质普遍较高，锻炼意识较强。

（二）“教学俱乐部”模式

目前，部分高校建立了完全网上自由选课、选时间、选教师的体育教学俱乐部模式，教学方式仍以班级授课制进行，教学管理采取学期必修课或选修形式。教学俱乐部是介于体育选项课模式与完全教学俱乐部制之间的中间模式，这一模式的采用一般要求有一定的体育师资和项目群储备，学生可选择性要强，有专门的体育教学选课服务系统支持，对体育教学硬件设施的要求没有完全教学俱乐部制高，学生在选课的可选择性方面易受授课时间、师资、课程设置模块的限制。

部分高校根据学生体育兴趣爱好，实行学生完全自由选择体育项目、时间、教师的体育教学俱乐部模式，并将教学俱乐部延伸到课外体育俱乐部，教学模式采取指导制形式。采用这一模式一般要求体育教学的场馆设备条件优良，并具有较强的吸引力，有完全学分制的教育制度管理；学生体育基本素质好，锻炼积极性高，有较强的自我锻炼和体育学习习惯与能力；教学时间充分保证，师资专业结构能充分满足学生学习的需要。

（三）“基础课”“选项课”模式

部分高校建立了一年级（或第一学期）基础课、二年级（或第二、第三、第四学期）选项课的教学模式。基础课一般按照行政班级授课，选项课采取网上选课或根据报名情况编制体育班的方式进行。这一模式较多地强调提高身体素质的重要性，有利于一些传统体育项目和校定特色体育的教学和考核，也便于教学的组织管理工作。

第二节　高校体育教学管理内容

高校体育课程是整个高等教育的基础课程之一，是完成高等教育目的和实现人才培养目标的主要组成部分。高校体育课程是指依据高等教育目标制订的高校学生在校期间各种体育活动的总体规划及其教育活动，是为实现高校体育目标而规定的体育内容及其结构、程度和进程，包括课程指导思想、课程目标、课程设置（课程号、课程名称、课程模式、学时计划、考试形式等）、课程内容、课程结构等方面。它是以发展大学生体能、促进大学生身心健康和获得终身体育能力为主要目的的一种特殊的教育性课程，它与其他课程相配合，以共同实现大学生身体素质、心理素质、思想道德素质、科学文化素质、专业素质、业务素质等的全面发展。

随着社会的发展和教育改革的深化，以及国家培养人才的要求和学生自身发展的需要，体育课程的功能不断得到拓展和延伸。它所涉及的不仅是体育科目的内容及其活动领域，还包含着以潜在内容为活动教材的整个高校体育活动。中华人民共和国教育部在《全国普通高等学校体育课程教学指导纲要》中明确提出："为实现体育课程目标，应使课堂教学与课外、校外的体育活动有机结合，学校与社会紧密联系。要把有目的、有计划、有组织的课外体育锻炼、校外（社会、野外）活动、运动训练等纳入体育课程，形成课内外、校内外有机联系的课程结构。"因此，高校体育课程不等同于体育教学或教学大纲。此外，体育课程和体育教学过程也是有区别的。体育教学过程是一个以传授和学习体育知识技能为主的过程；体育课程则不仅是知识技能的传授，还包括身体锻炼这一部分。

为全面推进素质教育，充分体现"健康第一""以人为本"的现代体育教育理念和终身体育等指导思想，培养身心健康的具有创新精神和创新能力的"KAQ——知识、能力、素质"相结合的高素质复合型人才，从客观上要求对高校体育课程体系进行全面深化改革，才能构建适应新世纪社会发展的高校体育课程体系，使高校体育教学内容、课程体系和教学方法的改革不断引向深入，实现从单纯的体质教育、体育技能教育向综合素质教育转变，从以传授体育知识技术为重点向知识、能力、素质并重转变，注重学生创新精神、创造能力的培养，注重学生个性的发展，因材施教，实现体育课程"校内外""课内外"一体化的体育大课程教育观。教育思想、观念的改革是长期的，贯穿于教育活动和教学改革的整个过程，在转变思想观念和进行高校体育教育改革与实践的过程中，全国高校在体育课程改革中经历了多个发展阶段并初步形成了各具特色的体育课程教学模式。

一、体育教学方式的转变

体育教学方式是指体育教学过程中师生运用的思维方式与行为方式的综合。对应的是传播方式（How）。体育教学思维方式比较抽象，不好把控，但能够通过体育教学行为方式体现出来。因此，下文所谈到的体育教学方式主要是体育教学的行为方式，是由教学方法、手段、技术、媒介等构成的综合行为样式。

在信息技术时代下，体育教学的主要任务是为学生提供适合的脚手架，即具有“迁移力和生存力的”知识，在学生能够独立学习和需要及时引导才能完成学习任务之间架起一个“调试性的、暂时性的”支架，最终让学生获得进行独立学习、质疑和反思的能力。

时代在不断地发展变化，对教学的本质应当重新认识。考虑到当下的教学更强调“育人”的价值，教学过程中不仅注重教师的“教”，更加注重学生的“学”；不仅注重理论，更注重理论与实践的融合；不仅注重教师的“传授”，更注重师生之间的“互动”，其核心是强调教学的最终目的，为促进学生的全面发展。据此，本研究的教学本质观倾向于“统一观”，即“教”与“学”的和谐统一，不仅注重“教”，注重“学”，注重师生的“互动”，注重知识技能的传递，更注重“能力及核心素养”的培养。教学的落脚点在于育人，即引导学生主动地学习，使之在知识能力、情感态度、创新精神等方面都得到主动发展，成为具有鲜明个性的人。体育教学作为实现学校体育目标的基本组织形式，对学生掌握科学锻炼身体的基本原理和方法，提高体育文化素养，促进身心的健康成长都具有重要意义。

体育作为一门学科，重视学科知识与技能的传授固然重要，因为它是学科发展的基础，但教学的“教育性”不能忽视。因此，我们认为体育教学的本质与教学的本质是一致的，其本质也在于育人。体育教学是一种以教师指导下的学生主动学习为基础，以新型师生关系为纽带，通过教师、学生与教学目标、教学资源、教学媒体等教学过程构成要素的交互作用而使学生在体育与健康知识、运动能力、思考能力、交流沟通能力等方面都得到发展的有组织、有计划的育人活动。其本质在于传授体育与健康相关的知识与技能的同时，发展学生各方面的能力，促使学生的全面发展。

而教学方式是教学活动过程中师生表现出来的外显活动方式和内隐活动方式，也就是语言、行为方式与思维活动方式。李森（2010）认为，教学行为方式是由教学的方法、形式、手段、技术等构成的行为样式。而作为体育教学方式的构成要素，应既能体现教学活动过程的基本要素，又能体现师生的行为方式与思维活动方式；既能体现教学方式的内涵，又能体现教学方式的外延。据此，本研究认为体育教学方式的构成要素应由教学活动中的人际关系（师生关系、生生关系）和为达成一定的教学目的而将教学活动中相关的人的因素（教师、学生）与物的因素（教学内容、教学媒体、教学环境）进行合理优化而采用的教学方法、教学策略、教学组织形式、教学手段等与教学行为相关的要素构成。

在此需要说明的是，教学行为不是简单的教学方法、教学策略、组织形式、手段等要素的构成体，而是一个包括教和学两个动因在内的结构复杂、内容丰富的目的性行为。在其构成上包括两个层次：其一，显性行为，即直接显示为达成教与学结果的行为，如教学方法、组织形式、手段、师生的语言、表情姿势等；其二，隐性行为，即师生的情感、意志、价值观、潜在能力、个性等多种因素综合而成的一种态势。在教学中，只有当隐性行为全部投入时才能产生教学效益。因此，要改变教学方式，就需要改变教师和学生的隐性行为。众所周知，每一次生产方式的变革先是生产观念的变革；同理，教学方式的变革也应先是教学观念的变革。教学观念则是人们对“教”和“学”的理解，是教师对教学目的、教学价值、教学内容、教学过程与方法、教学中的师生角色等一系列教学现象和教学问题的主体认识，是教师进行教学实践的意向。同时，教学观念也是师生的师生观、教学价值观、知识观、环境观的一种综合体现。体育作为教育的重要组成部分，体育教学方式的发展历程必然是在一般学科教学方式发展历程下进行的。

（一）基于学生全面发展的体育教学方式的基本特征

体育教学不仅应仅传授体育的知识与技能，还应在传授知识、技能的过程中，促进学生德育、智育、美育、群育的发展，进而使其成为一个全面发展的人，不再是“离开教师，便无所适从”的少年。体育教学方式的构成要素包括师生与生生之间的关系，以及能够体现教学行为的教学基本要素，如所建构的教学环境、采用的教学组织形式、教学策略等方面。

本研究认为，要促进学生的全面发展，无论是何种体育教学方式均应具备如下特征。第一，教学理念应转变“以教为主”的教学方式，突出“以学生发展为中心”。各国最新一次课程改革中均在强调要转变教学方式，即从“以知识为中心”向“以能力为中心”转变，从“以教师教为中心”向“以学生学为中心”转变。旨在注重学生的“全人发展”，关注学生在知识、能力、价值观、态度方面均衡发展的需要，促进学生学会学习、学会思考、学会生存，使其具备应对未来快速发展、充满挑战的社会所需的学习能力、协助能力、自我管理能力、沟通能力、批判性思考能力、解决问题能力等，使学生能够在德、智、体、美、劳五育方面全面发展，成为积极主动、健康阳光、富有责任感的公民。第二，师生关系应是平等、和谐、友好的，这一师生关系更有利于建设具有支持性的学习环境，但这一切均缘于教师对学生的注意、爱、关心与呵护。卢梭说过：“只有成为学生的知心朋友，才能做一名真正的教师。”许多名师的经验也证明，情满课堂，爱洒学生，关注学生精神生命的成长，才能焕发课堂教学的生命活力，使教学卓有成效。因为当学生感受到被接纳，当他们与同学和教师的关系是融洽的，当他们能够成为学习共同体中积极、活跃、可见的一员时，他们就会学得更好。优秀的教师往往也善于在充满关心、包容、没有歧视和凝聚力的环境中培养学生积极的人际关系。第三，教学环境应是安全、舒适、富有支持性的。美国教育心理学家古诺特博士曾说：“在经历了若干年的教师工作之后，我得到了一个令人惶恐的结论：教育的成功和失败，‘我’是决定性因素。我个人采用的方法和每天的情绪是造成学习气氛和情境的主因。身为教师，我具有极大的力量，能够让孩子们活得愉快或悲惨，我可以是制造痛苦的工具也可以是启发灵感的媒介，我能让人丢脸也能叫人开心，能伤人也能救人。”古诺特博士一生的教学体悟充分说明了教学环境以及师生关系的重要性。安全舒适的教学环境能够让学生身心愉悦地参与学习活动，不会抗拒，不会抱怨，不会被罚做体能活动，有的只是会更加积极、主动和体验到学习的快乐与享受。

（二）有意义接受式教学相关的教学风格及教学模式

美国学者穆斯卡·莫斯顿（Muska Mosston）最关键和最核心的发现便是对组成任一教学行为的具体决策进行区分，从而形成了著名的教学风格频谱。其再现型集群的教学风格 A-E 主要是培养学生再现已有知识能力的教学风格。在这个集群的教学活动中，教师的作用是传授专业的知识与技能，学生是一个接受者的角色，在特定的记忆认知操作中再现教师传授的知识和技能。学生除了“记忆”认知活动外，其他认知操作相对不活跃，而任何由学生参与的比较、排序、应用和问题解决等行为，主要由对比较的记忆、对次序的回顾以及准确地应用和解决问题等操作所完成，且是通过学生再现内容来实现。

在这个模式中，教师是教学内容和教学决策的主要资源，在教学活动的计划与实施中扮演领导者的角色，而学生必须对学习任务有一个清晰的理解，并通过循序渐进地完成每一个小任务，最终获得大量的和越来越多、越复杂的知识与技能的学习结果。虽然教师在此模式中扮演着领导者的角色，但不是独裁主义者，因为他为学习和内容进展设置一定的结构，是为了让学生从知识架构中受益，并在学习过程中消除不必要的错误和尝试。作为体育教学常用的教学模式，其目标与学科教学目标是一致的，因为它的优先发展目标领域顺序通常为技能学习→认知学习→情感学习，尽管在学习运动技能相关的规则和概念时，认知领域的学习将会处于最高优先级别。

有意义学习的心向即学习者把所学知识与认知结构中原有的适当观念加以联系的倾向性，反映了学习者本人积极主动学习的态度和方法，也就是说要充分调动学生的学习动机。只有学生愿意学习，渴望认知、理解和掌握知识，学习才有意义，学习才主动，而不是被动的、机械的。学生学习的心向受其学习动机的影响，而动机除了受学习结果的影响外，还受身心发展以及社会文化诸因素的影响。教师要确保学生拥有有意义的学习的心向，需要认识、控制和调节这些影响因素，使学生始终保持良好的学习动机，进而积极地面对学习，并采取合理、科学的学习方法，方能确保接受式学习有意义。但在实际教学中，“学习要有意义”这件事往往被许多体育教师所忽略，如每节课都安排学生绕着操场蛙跳和走鸭子步，将体育课上成体能课，这既不符合体育教学的“教学”目标，也不利于调动学生的学习积极性。

接受学习的过程实际上是教师与学生之间在认知、情感和行为等方面进行动态交互的过程。学习质量的高低不仅取决于教师的专业知识、语言表达和教学的方法技能，更取决于师生之间形成的互动。师生间的互动不仅体现了师生之间的关系是否和谐，而且体现了学习氛围是否具有支持性和积极性。良好的师生关系和融洽的学习氛围不仅能激发学生的学习热情，促进学生的积极性、主动性和创造性，提高学习效率，也是班级团结与凝聚力的基础，更有助于学生思想、情感、价值观、社会交往等方面的发展。所以，应避免营造“师道尊严、安分守己、严加管束”的氛围，因为在这样的氛围中，学生将被培养成为听话、顺从的“好学生”，这不仅使其丧失了自主性和独立性，也妨碍了其个性的自由和自主的发展，全面发展更无从谈起。

二、体育教师的专业标准及其管理

体育教师是体育学科知识和运动技能的传授者，对应的是传播者（Who），体育教师执行着体育教学理念，主导着体育教学的进展，是体育教学中的关键力量。信息技术时代下的体育教学与传统的体育教学有巨大的差异，信息技术的发展正消解着体育教师作为体育学科知识和运动技能的权威，体育教师如果仍受先前知识和经验的惯性影响，按部就班地运用传统的体育教学理念与教学方式将无法驾驭现代体育课堂。作为体育教学的理念传导者和执行者，体育教师需要从思维和行为上全面转型，从讲台上的“圣人”转变成在一旁的引导者，扬弃先前的教学经验，用“导”替代“授”来与数字原住民进行交流与互动。教师在学生的体育学习经历中扮演“向导”、“编导”以及“指导者”的身份，扮演好信息技术时代下学生所期待的体育教师身份，从而履行好信息技术时代下的体育教学工作。

在信息技术时代，体育教师需要协助学生能根据丰富的学习资源、环境及自身的条件和兴趣，设计具有个性色彩的锻炼计划；引导学生关注日新月异的体育信息，学会应用新资源创造体育运动的快乐。因此，体育教师不仅应在自身专业上拥有广博的知识和娴熟的技能，还需要具备良好的信息素养，这样才能对不断更新的信息资源有敏锐和准确的判断，才能随时将最新鲜的资讯引入课堂与学生分享，与学生共同进步。总而言之，体育教师必须正视信息技术的发展。

（一）体育教师专业标准的理论基础

体育教师专业标准是对体育教师专业发展各个阶段诸多方面的要求与规定，其构成有着自身的理论基础，即舒尔曼的教师知识分类学和教师绩效管理理论。

1. 舒尔曼的教师知识分类学

任何事物都具有一定的理论导向与实践价值，体育教师专业标准同样如此。从我国百年来教师教育制度变迁的现实背景来看，体育教师教育的理论导向与实践价值都是为了培养和培训更高质量的体育教师。教师群体作为理想社会中的教师专业群体，其真正的身份是教学专业人员。作为教学专业人员，体育教师群体专业发展的逻辑起点是开展专业的教学，而教学的开展除了要具有内容之外，对内容的传授更加重要，这是基于教师是一种既具有学科属性，又具有教育属性的双专业人员而展开的。体育教师教学内容的传授及其传授方法都涉及知识的问题，即如何保证知识的传授是高质量的。多年来，教育学界认为教师的知识主要包括基本教育技能、学科内容知识和普通教育学知识。然而，这在舒尔曼看来并不完整，他认为，教师的教学是一个非常复杂的过程，其知识传授的过程涉及理解、转化、教学、评价、反思等多个过程，并不仅仅是知识的简单传授。舒尔曼把教师知识分为七类：①内容知识；②一般教学知识；③课程知识；④教学内容知识；⑤有关学习者及其特征的知识；⑥有关教育情境的知识；⑦关于教育目的、价值及其哲学、历史基础的知识。其中一般性教学知识主要指课堂管理与组织的原则、策略等方面的知识；课程知识指教师用来作为教学媒体的材料和教学规划等方面的知识；教学内容知识指学科内容与教学知识的融合，是教师对内容知识的特殊形式的专业理解；教育情境知识包括的范围很广，从班级和小组的组织到学区的行政管理与财政运转，再到社区特点及文化等。这一教师知识分类学同样也适用于体育教师，只不过不同学科教师的知识内涵有所差异。

在这七种教师知识分类中，教学内容知识是舒尔曼首次提出的一种教师知识，并由此衍生出了我们熟知的学科教学法知识（PCK）。教学内容知识是教学实施的关键基础，是教师将自己所理解的知识转换为学生所接受的知识的关键。同样如此，在体育教学过程中，体育教师最重要的并不是掌握多么高深的运动技能知识，而是要在掌握一定运动技能知识的基础上，增加熟练地教会学生使用这些知识的内在经验。对于体育教师教育专业的学生而言，这一点显得尤为重要，即体育教师教学的过程并不是以教授运动技能为主，而是要告诉体育教师教育专业的学生如何去教授这些知识。在这个过程中，以体育教学内容知识为核心的教师知识起着非常关键的作用。然而，目前存在的问题是，即使很多体育教师都理解这一点，但他们并不知道如何才叫很好地进行了知识教授，他们更多根据的是自己的个人经验来进行。正因为如此，导致了目前体育教师教育专业学生培养质量的参差不齐，职后教师专业发展效率不高的问题。在这样的背景下，构建科学合理的体育教师专业标准体系来保障各种体育教师知识的掌握与传授，提高体育教师培养与培训的质量就非常重要。

2. 教师绩效管理理论

教师教育的实施过程是一个综合体，在不同阶段，教师教育的实施都以最后教师培养培训质量为评判标准，然而，无论是在哪一种教师教育制度之下，都有其合理与不合理之处。随着不合理部分的不断累积，到了一定程度之后必然会爆发，这样就会在一定程度上导致教师教育制度的变迁。很显然，在这个过程中，教师教育的质量评判起着关键的作用。然而，在过去的很多年中，教师教育的质量评判都以绩效考核为基础。所谓绩效考核，是指考核主体对照工作目标或绩效标准，采取科学的考核方法，评定员工的工作任务完成情况、员工的工作职责履行程度和员工的发展情况，并且将评定结果反馈给员工的过程。实际上，绩效考核的功能主要起终结性评价的作用，即考察员工对工作的完成程度。

对于教师教育而言，绩效考核意味着教师培养和培训的质量，即现实的教师经过培养与培训之后对于既定目标的达成程度。然而，绩效考核存在很多不足，尤其是不能很好地促进被考核者在考核过程中的发展。在这样的背景下，教师绩效管理就逐渐取代教师绩效考核。教师教育的绩效管理与绩效考核相比，与教师教育组织的战略密切结合，更加重视对教师教育实施的整个过程，注重教师教育质量的改进，促进教师在教育过程中的可持续发展。在西方教育界，正是在教师教育绩效管理的价值导向下，由以往对教师培养培训的主观评判转移到基于教师教育标准的绩效管理。也就是说，以美国为首的西方国家通过建立包括体育教师专业标准在内的标准体系，实现教师教育质量的提升。

事实证明，这一举措也的确取得了一定的效果。以美国NBPTS制订的体育教师专业标准而言，体育教师在促进自己符合标准并获得NBCT资格证书的过程中，由于要经过一系列严格的评估程序，他们体验了非常艰苦的专业发展过程，但伴随而来的却是良好的专业发展结果，诸如薪酬增加，流动到更好的学校，获得更好的专业地位等。体育教师这些专业发展效果的取得，在很大程度上都因为体育教师专业标准的建立。另外，NCATE关于职前体育教师专业标准的实行，不仅促进教师本身的成长，而且由于对体育教师教育培养机构实行评估与管理，促使大量不合格的体育教师教育机构向更好的方向发展，从而在一定程度上提升了教师培养质量。总之，教师绩效管理理论的提出，使得制订系统的体育教师专业标准具备了坚实的理论基础。

（二）体育教师专业标准的内涵

我们对体育教师专业标准给出了定义，即由国家权威教育行政机构依据相应的教育政策与法规颁布的，对体育教师作为专业人员的各种结构要素的基本规定，是指导和衡量体育教师队伍在职前、入职和在职三个阶段专业发展的基本准则和重要依据。但很显然仅凭这一简单的定义很难深入地理解体育教师专业标准的内涵。因此，有必要从整个体育教师教育及其相关标准体系的角度进一步对专业标准的内涵进行解析。

1.体育教师专业标准与其他标准共同构成了体育教师教育标准

众所周知，体育教师教育从时间的纵向分割来看，一般分为职前体育教师教育、入职体育教师教育和职后体育教师教育。而在整个体育教师教育的过程中会涉及招生、培养、培训等多个环节，对于其中的任何一个环节，我们都需要通过标准来保障质量。首先，体育教师作为专业的教学人员，他必须要符合真正的专业工作者的身份，而用来评判和促进体育教师是否真正达到标准的尺度就是体育教师专业标准。其次，无论是对于职前体育教育专业的学生培养，还是对于职后体育教师的培训，基本上都以课程为载体，但目前各个培养与培训机构“因人设课”“课程设置重复”等现象非常严重，缺乏统一的标准，而规范这种泛滥现象的标准则是体育教师教育课程标准。再次，对于培养和培训体育教师的机构而言，目前主要集中在高等学校体育院系和教师进修学院。然而，谁真正有资格、有实力和有条件对体育教师进行培养和培训，并没有任何的评估标准。一个非常明显的现象就是近年来体育教育专业招生的泛滥，很多高校的公共体育教育学部升格为体育学院，大量开设体育教育专业，但其实很多学校并不具备培养体育教师的条件。另外，职后体育教师进修机构的设置也非常随意化，导致了目前体育教师培训质量倒挂的现象。而这些问题的解决，都必须要有体育教师教育机构认证标准来进行规范。最后，对于体育教师的培养和培训的相关机构、课程设置、教育教学实践和培训素质的综合考察，即体育教师教育质量的评估需要相关的标准来进行引导，因为只有优质的体育教师教育质量才能培养或者培训出大批的优质体育教师，而该标准即为体育教师教育质量评估标准。总体而言，体育教师教育专业标准与其他三个标准（即体育教师教育课程标准、体育教师教育机构认证标准和体育教师教育质量评估标准）共同构成了体育教师教育体系的基本框架，这四个标准就像一驾马车的四个轮子一样，保障了体育教师教育的顺利运行与发展（见图 2-1）。当然，体育教师教育标准体系并不局限于上述四个标准，其他的诸如体育教师教学标准、体育教师校本培训标准、体育教师资格证书标准等也可以看作标准体系的组成部分。但相对而言，其他标准都是对上述四大标准的补充和完善。另外，对于目前我国在体育教师教育标准研究领域还几乎处于空白的现状，因此做好四大核心标准显得尤为迫切。

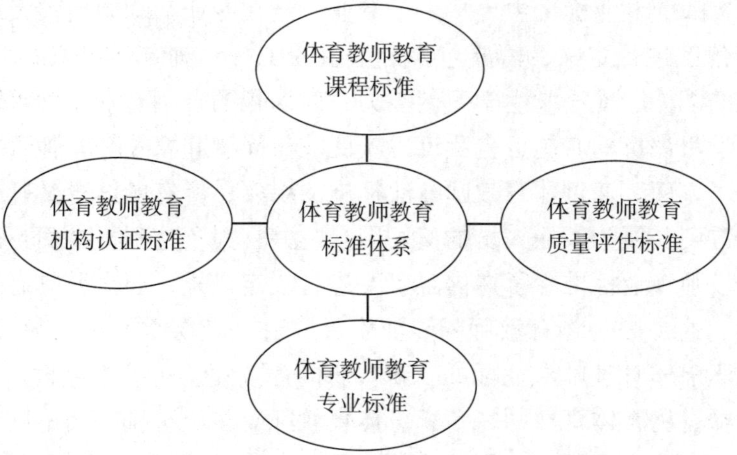

图 2-1　体育教师教育标准的构成图

2. 体育教师专业标准与其他标准的内涵解析

从上述分析可以看出，体育教师专业标准与其他三个标准构成了如图 2-1 所示的体育教师教育标准。这四大核心标准从不同角度共同为提高体育教师教育质量提供保障。只有当四大核心标准共同发挥作用时，才能有效地达到促进中国体育教师教育转型的目的。

国外教师专业标准的研究最早始于 20 世纪 80 年代的美国。后来，日本、菲律宾、泰国等发展中国家也相继颁布了本国的教师专业标准。教师专业标准的建立是希望实现教师由“职业”向“专业”的转变，促进教师专业地位的提升，从而获得与律师、工程师、医生等目前社会上已经公认的专业人员一样的社会地位。除此之外，构建教师专业标准在于为教师群体的专业发展提供一个可参照性的标准，为他们的专业发展提供方向性的价值引导，提高整体专业素质，从而使得教师为学生提供专业的教学。目前，国际上的教师专业标准具有不同的特点，基本上可以分为三种模式：与教师资格标准相分离的专业标准、与教师资格标准挂钩的专业标准以及分类型分级的教师专业标准。体育教师对专业标准的需求胜过任何一个学科，这是因为在所有的教师群体中，体育教师是被视为最不符合专业身份的教学人员。因此，作为体育教师，需要用体育教师专业标准来引领他们的发展，告诉他们什么才是符合专业标准的体育教师。

体育教师的专业标准主要从一个专业人员在专业活动中所涉及的一切行为的角度进行定义，需要包含对学生的了解、对专业知识的掌握、教学实践的能力、促进学生学习的能力、对课程的合理选择、学习环境的设置、学习评价的实施、自我反思实践、与同事和家长等其他人员的合作等多个方面。通过体育教师专业标准的引领，所有的体育教师都能够清晰地看到其所为专业人员的美好图景，并且为了达到标准而不断努力。体育教师专业标准除了在内容上要进行规定以外，还需要具有一定的层次性。这是因为体育教师的专业发展具有一定层次性。一般而言，可以分为职前体育教师专业标准、新入职体育教师、初级体育教师、高级体育教师、优秀体育教师、专家级体育教师等多个级别。而不同级别体育教师的专业发展程度是不一样的，所以专业标准对其要求也应该要有所区别和有所侧重，需要体现出一定的层次性。比如，在职前体育教师专业标准中，对职前体育教师基本教学内容和教学能力的掌握可能比较关注，而在专家级体育教师专业标准中，对其解决体育教学中重大问题的科研能力、引领其他体育教师团体专业发展的能力更加重视。另外，与体育教师专业标准相配套的合理的认证程序也非常重要。专业标准的构建只是从理想的角度提出了体育教师应该达到的目标，但真正符合标准的并不多，而绝大部分都处于不断符合标准的进程之中。因此，需要开发系统的专业标准认证程序来推动标准的实施，促进认证过程的科学化，在认证过程中促进体育教师的专业发展。

无论是对于职前体育教师的培养、新体育教师的入职研修，还是对于职后体育教师的专业培训，都必须以课程为载体而实施。当然，对于课程的理解必须要多样化，要避免那种认为传统的“自上而下”的课堂教学才有课程的狭隘观念，要正确看待理论课程、实践课程、综合课程、活动课程等多种课程类型的存在。但遗憾的是，目前中国不同体育教师教育专业学生的课程设置千差万别，缺乏基本的共性，这不利于体育教师的培养，在一定程度上会导致不同学校培养的体育教师质量稍有差异。而职后体育教师培训的课程则显得更加随意，不同地区的培训课程千差万别。因此，构建体育教师教育课程标准，促进课程设置的科学化与系统化，对于全国范围内体育教师培养与培训质量的提升大有裨益。

在目前国家颁布的《教师教育课程标准（试行）》中，从基本理念、课程目标、课程设置与实施建议等几个方面进行了清晰的界定。尤其突出了“育人为本、实践取向和终身学习”的导向，从教育理念与责任、教师知识与能力、教育实践与体验三大领域出发设置课程目标，并规定了三年制专科、五年制专科和四年制本科不同学制教师教育类课程的设置建议。作为教师教育课程的组成部分，体育教师教育课程标准应以《教师教育课程标准（试行）》为依据，并在这个框架下进行有针对性的学科细化。第一，体育教师教育课程标准的基本理念要体现“健康第一”的指导思想，即体育教师教育课程标准的设置是为了更好地培养和培训教师，但其终极目标是这些教师能更好地促进学生的身心健康发展。第二，对于教师教育课程标准的定位，要坚持“师范性”与“学术性”相结合的原则，根据基础教育体育课程改革的要求和体育教师专业发展的需要细化课程目标，提升目标的针对性。第三，对于课程结构，要力图改变目前体育教师教育课程设置中重视技能课程，轻视教育类课程的倾向，强化体育教育类的专业课程，体现课程的综合性，而不仅仅是体育类课程和教育类课程的简单糅合。第四，对于体育教师教育的课程内容，要考虑与基础教育体育课程改革相联系，体现课程内容的综合性、实用性、时代性、实践性、可操作性等特征。在设置体育教师教育课程标准的基础之上，要组织专业协会或者专家组定期对国内教师培养与培训院校进行监督与检查，并及时听取不同单位的反馈意见，指导不同单位在小范围内进行有针对性的调整。但需要指出的是，目前我们所提及的体育教师教育课程标准主要是针对教育类课程，以提高学习者的教育教学能力为主。

关于体育教师教育质量这一问题，由于目前缺乏科学的标准，使得院校建设方面缺乏制度性的约束，导致部分院校体育教师教育质量不尽如人意。与其他三个标准相比，体育教师教育质量评估标准是对中国体育教师教育整体质量的评估，它实际上包含了对体育教师、体育教师教育课程、体育教师教育机构等的综合评估。前三个标准比较重视标准体系对利益相关者的管理和促进，而体育教师教育质量评估标准则更注重于对质量的测评，希望通过该标准能够从宏观整体层面把握体育教师教育的发展动态和未来趋势。一般而言，体育教师教育质量评估标准主要从以下四个方面开展评估，即体育教师教育机构的质量、体育教师教育课程的质量、体育教师教育的教学质量以及体育教师教育专业学生（即职前体育教师）的质量。在体育教师教育机构的质量评估方面，主要涉及该机构中人力、物力、财力以及环境。比如，该机构中体育骨干人才的数量、其教学与科研产出效率、对体育教师教育改革与发展的贡献、机构中各种设备的使用率与学生满意度、同等条件下机构投入的资金及其效果、体育教师教育机构的整体文化底蕴、对外界的吸引力等。

在体育教师教育课程的质量评估中，主要涉及当前所开设的体育教师教育课程与课程标准的吻合程度、学生对课程的满意度、学生通过课程学习对知识的掌握程度、不同体育教师教育课程对中小学课程改革的适应性、不同级别专业中体育教师教育课程设置的层次性等。在体育教师教育教学质量评估方面，主要包括体育教师、教育者在教学过程中的教学素质、教学态度、教学组织与指导、课堂教学秩序、学生对教师、教育者的评教、教学效果、与教师专业发展学校（PDS）的合作效果及其对教师培养培训的推动、教师、教育者对当前体育领域教育知识的了解程度与应用能力等。在体育教师、教育专业学生（即职前体育教师）的质量中，主要涉及学生今后作为体育教师的专业特质，如自身的专业信念与信仰、人格特征、心理素质的稳定性、专业道德发展等；知识水平，如对常规的运动技能的掌握程度、基本保健与健康知识的掌握、对信息技术在体育教学中的应用能力、对体育校本课程的开发能力等；技能水平，如普通话、简单的英语等一些基本的语言技能和沟通、写作技能、简单器材的制作能力、对常见体育比赛的组织与管理技能、部分运动项目的裁判技能等。在体育教师教育质量的评估中，不仅要考虑评估的内容，作为一个综合的评估标准，还需要考虑主体对评估过程的准确把握和对评估结果的解读能力。

三、体育学分制教学管理制度

学分制是随着选科制、选课制课程设置方式的出现应运而生的教学管理制度，在提倡“宽口径，实基础，重个性，善创新”的人才培养模式教育目标下，为满足开放式教育、远程教育、跨学科（跨学校、跨校区）教育等教育形式，需要采取相适应的教学管理制度。目前学分制已在国内外许多高校、科研院所推广实施，其对培养多层次、跨学科的人才起到了一定的积极作用。学分制教学管理制度目前已成为高校教育管理的主导性制度，并将渗透到高等教育课程的各个层面，体育教育也不例外。

（一）学分制的沿革

19 世纪 70 年代，学分制最早在美国的一些大学中随着选科制形式的产生而出现，20 世纪后逐渐流行于欧美一些国家的大学和科研机构，并作为相对科学合理的管理模式被越来越多的高校采用，尤其在那些以市场经济体制为主的国家。我国学习西方学分制始于 20 世纪初的“新文化运动”。1919 年，北大实行了选课制和学分制；1923 年，蔡元培先生出任北京大学校长，主张采用学分制。在此后的半个多世纪，教学管理制度大体经历了学年学分制（20 世纪 30—50 年代）—学年制（20 世纪 50—70 年代）—学年学分制（20 世纪 80 年代始）的过程。1952 年为适应计划经济体制，改学分制为学年制；20 世纪 70 年代末，为加快培养建设四个现代化的人才，我国也开始实行并推广学分制。目前，我国高校存在着学年制、完全学分制和学年学分制三种形式，大多数实行了以学年学分制为主体的管理制度。

（二）学分制的计量和质量评价方式

学分制以学分为计算学生学习分量的单位。最常见的计算方法是：学生每周上课 1 学时，自学 2 学时，学满一学期，经考试及格者，得 1 学分；凡课外自学时间较少的课程，每周上课 2~3 学时，学满一学期，经考试及格者，得 1 学分；课外自学时间较多的课程，每周上课 1~2 学时，学满一学期，经考试及格者，得 2 学分；课外自学时间较多的课程，上课 2 学时计算 3 学分。凡达到最低毕业学分总数者，可提前毕业。学生如有其他原因，可申请减修某些课程，延长学习期限，学分累积有效。许多同级大学之间允许相互承认、转换和累计学分。

在实施学分制的基础上，为进一步检测学生在完成课程学分量的同时，许多高校逐渐完善了对其质的评价，如采用积点制（或称绩点制）。积点制是用以判断学生每门学科学习成绩的质量，以及学年和毕业总成绩质量的一种计算方法。积点的计算方法一般是：根据学生考试成绩的分数或等级换算成不同的积点数。以每门学科的学分数乘以相应的积点，得出这门学科的积点数。若采用五级评分制，其积点数可换算为优（4点）、良（3点）、中（2点）、及格（1点）、不及格（0点）。学生成绩是一学年（一学期）各门学科的积点总和，毕业成绩是各学年各学科的积点总和。有的学校规定各门学科平均成绩在良好以上者，发给学位证书；学生的毕业积点总数至少是总学分数的三倍，方能得到学位证书。美国一些大学在20世纪30年代初就采用积点制，我国一些大学在20世纪50年代后开始实施积点制。

（三）学分制的特点

根据学分制实施的背景、运行过程及其管理等实质，学分制管理模式的主要特点可归纳如下：

（1）在“选科制—选课制”的基础上产生，有赖于较为健全合理的课程设置体系。

（2）打破了地理、区域上的传统班际、校际授课形式。

（3）打破了由学校教务部门按教学计划安排固定课程使学生接受体育学习的框架，采取学校安排、调配与学生选择相结合的课程设置模式。

（4）改变了原来由学校安排课程、由任课教师为学生选择教师及其课程的方法。

（5）学生对上课时间、上课场所的选择有了可变通性、可选择性。

学分积点（绩点）制大大提高了学籍成绩管理的合理性和可操作性，学生学籍及学业的管理在量和质上的改变都得到了体现。

随着我国高等教育体制改革的深入，实施高校学分制管理模式有利于更好地为实现培养21世纪高素质、复合型、富有创新精神和实践能力的各类专门人才的教育目标服务；有利于全面推进素质教育，贯彻因材施教、注重学生个性发展的原则；有利于充分发挥学校和高教园区学科门类齐全、教学资源丰富的综合优势。随着全国普通高校体制的调整，高校间强强联合，跨校区、跨学科乃至跨学校选课是必然的现象，再加上许多高校实施了开放式、远程教育等教育形式，在教学及成绩管理方面，学分制是目前比较科学合理的制度，并将成为高等教育教学管理制度的主导模式。

（四）学分制管理模式的要求

（1）高校体育教育是高等教育的组成部分，也是贯彻高等教育思想和实施高校教学改革的重要领地。随着高校学分制的进一步推广实施，高校实行体育学分制是高校体育教育改革的必然发展趋势。

（2）体育学分制的实施必须建立在相对健全、科学合理的体育课程设置基础上。

（3）体育课程可以按健身系列、球类系列（大球、小球）、娱乐体育系列、休闲体育系列、社会体育系列等多层次、多系列设置，这样有利于建立适合学分制教学管理的课程体系。

（4）应该突破以行政班级、单元选课，由教务或体育部门确定任课教师的固有模式。

（5）体育学分的计量和质量评价不应拘泥于统一的教学时数和相同的学分。针对不同类型、不同目标、不同授课时数，可采取不同的学分计量方法和学分“滚动式”教学管理模式。

（6）目前在任的体育教师必须继续学习，同时应培养教师一专多能、触类旁通的业务能力。学生有体育学习的要求，学校和体育部门应逐渐创造条件开设适应学生需求的课程，以不断地健全和完善高校体育课程体系。

（7）鉴于高校实施相对科学合理的体育学分制受到学校体育课程设置、硬件设施、现行的规章制度、师资条件等诸多方面的制约，其实施的过程必然是渐进的，并具有艰巨性和挑战性。

体育课程的全方位多层次开设为选课制创造了条件，体育学分制的实施又有利于选课制方式下的教学管理。高校体育实施学分制管理有赖于健全的高校体育课程设置及其建设，可考虑其多方位、多层次性，尽可能从大一开始实施体育选项课；考虑到体育场地设施、教师师资、教学时间等因素，可将任课单元内的一、二年级进行集小选项，并通过同一课程的分层次设置体现区别对待原则。体育课程课目可设置几个系列，如健身系列、大球系列、小球系列、休闲娱乐系列、社会体育系列等，根据学校特点可设立限定必修课，也可采用限定系列任选课目的《国家体育锻炼标准》选项方式。

第三节　高校体育课程发展与模式构建

21 世纪的高等教育正在向国民教育、终身教育、教育民主化、教育现代化等方向发展。随着高等教育的发展变化，大学体育课程也同步发生了深远的变化。大学体育课程的变化动因来自 21 世纪的社会变革，来自社会发展的需求，由于这种需求是在发展过程中自然萌发的，因此，其发展趋势也是无法阻挡的。

一、体育课程的需求与发展

大学体育课程的发展依赖于社会及社会中的人对体育的需求，这种需求规模的扩大导致体育课程发展规模的扩大，需求的变化则导致体育课程发展内容的变化。抓住了需求，就是抓住了体育课程发展的脉络。

（一）价值需求导致体育课程生活化

随着社会的发展、人们生活水平的提高，不同的生活观和生活方式对学生的生活目标追求产生了巨大的冲击，影响和引导着他们的工作、学习、生活的态度和行为，使得人们更加关注生活、关爱生命、关爱自我。

体育有着完善人们生活内容、提高人们生活质量和帮助人们形成健康生活方式的作用，与人们的社会生活休戚相关。因此，大学体育生活化成为大学生的发展需求，进而成为大学体育课程改革的主流价值取向。

1942 年，我国教育家陶行知在《师事新报》副刊《学灯》上发表的《生活教育》一文中就提出了“用生活来教育，为生活而教育”的现代教育思想，这个思想应该成为当今大学体育课程改革的发展导向。

体育的社会价值只有在教育生活化的过程中才能得到充分的体现，体育的价值取向主要体现在以下四个方面：①强调体育具有为社会服务的价值——身体发展和人格形成的教育观；②重视体育业绩的价值——胜利主义（锦标主义）体育教育观；③重视体育的社会价值——社会关系和社会联络的体育教育观；④重视体育的满足、享受价值——游戏的体育教育观。

虽然每个大学生的具体价值取向不同，但有一点是相同的，那就是体育越是贴近生活，体育的价值就越能得到实现。由此可见，体育生活化的价值取向反映了时代的需求，它可以容纳大学生体育价值取向的多元结构，成为新世纪大学生的主导倾向。

体育教育要实现其“终身体育”的教育目的，其教育理论、手段、方式等都必须具有有效性，必须满足学生的需要。针对教育的有效性，陶行知在《湘湖教学讨论会议》中指出：“最好的教育，要想它有效，须是教学做合一。”由此可见，实现终身体育就要力求使教育、学习与实践密切地结合起来、在做中学，在学中做，而教育课程的生活化正是实现这种理想的重要途径。由此可见，教育生活化是终身体育理念得以实现的必然途径，体育课程的发展趋势也必然如此。

现代社会发展导致了人类个体价值取向的多元化，在大学生从事体育运动的过程中，除了和基础教育的高中阶段相同地形成稳定爱好和专长的价值取向外，还出现了职业体育、生态体育、时尚体育、生存训练等众多的价值取向，而这些价值取向的实现，也同样可以通过体育课程生活化得到实现。

（二）拓展需求导致课程概念的延伸化

随着时代的发展，大学生的体育需求也在进一步地拓展。在时间上，大学生不再满足于固定的每周 2 课时体育课，他们希望自主选择时间，有针对性地从事体育运动；在空间上，大学生也不再满足于在田径场、篮球场上从事运动，跑步离开跑道，跳跃离开沙坑，打球离开球场是体育课程拓展的时代特征。走向社会、走向生态、融入自然将是大学生开展体育活动的重要选择。在体育课的组织形式上，大学生已经不再满足于夸美纽斯倡导的正规课程：即按照由固定大纲教材、固定学生组成的教学班，固定教师、固定时间开设的正规课程。这种组织方式已经无法满足大学生拓展的体育要求。为了满足大学生在体育上的拓展诉求，体育课程必须在时间上、空间上、组织形式上实现重新组合、重新开发，而这种重新组合与开发的必然结果是体育课程概念得到了延伸。

在体育狭义课程开发的基础上，我们引进并开发了广义课程的概念。广义课程除包括原来的正规课程外，还包括校内活动课程、校内外比赛与训练、课余体育俱乐部活动、体育节与校园文化、社会活动课程、社会文化体育服务及社会文化体育市场、个人体验的课程。

在显性课程的基础上，我们还必须开发体育的隐性课程。在现实课程开发的基础上，我们也要设计符合新时代学生新需求的新型课程，这就是对潜在课程的设计与开发。课程的开发使体育课程的概念不断延伸，如深圳大学的体育教学俱乐部、北京大学的完全开放式等体育课程开发思路，均是在冲破了传统的体育课程概念的前提下实现的。

（三）个性需求导致运动技术的多样化

一谈到运动技术，人们总是把目光定位在具有国际比赛规则制约的正规的运动项目上。运动技术离不开那些正规的运动项目，这已成为体育专家学者、竞技比赛的运动员，乃至成了普通大学生约定俗成的观念。但是，时代在发展，大学生对运动项目和运动技术自身在不断地进行分化与重组。

运动项目和运动技术的分化与重组导致了多元化的格局，这种多样化体现在何处呢？第一，对在社会生活中存在的文化体育形态进行重组和改造，创造了新型的体育项目。有些原本是一种艺术表演或表现，我们把它改造成体育项目，如街舞；有些原本是社会娱乐场所中的一种游戏，我们把它引进为体育项目，如保龄球。第二，我们对正规的运动项目进行游戏化改造，使它成为适应大学生需求的运动项目，如娱乐化、游戏化的篮、排、足球和田径运动等。第三，我们从人类为适应生存需要在自然生态环境下开展的生存训练中提取了适合大学生开展的项目，如攀岩、定向运动、翻越障碍墙、过断桥等。上述新兴的运动项目和传统的正规项目在一起，形成了运动技术多样化的新格局。

运动技术多样化是以大学生个体需求的多元化存在为前提的，这种多元化是满足学生个性发展的必要条件，也为学生的个性化发展提供了可能。目前，以北京大学为例，为了满足学生的个性化需求，该校开设的体育课程有 40 余种，成立的体育协会达 23 个。可见，个性需求要求多样化的技术来满足，多样化技术的传授需要学校开设各种不同项目的课程供学生选择，课程模式和类型的多元化也必然成为发展的趋势。

（四）分层需求导致了课程的小型化、课题化

根据马斯洛的理论，人们的动机是由其内在需要驱动的，我们可以把这个理论简化一下，即“需要—动机—行为”。由此可见，人们的行为和动机就是根据其心理需要的不断变化而有所不同。马斯洛还认为，人在自我实现的创造性的过程中，产生出一种所谓的“高峰体验”的情感，这是一个最激荡人心的时刻，是人存在的最高、最完美、最和谐的状态，满足这种状态需求的体育课程将是最佳的选择。

怎样才能在体育课程中造就一个“自我实现的创造性”过程呢？又怎样使体育课程中出现一个学生情感体验的“高峰”过程呢？这是反映大学体育课程改革区别于基础教育的最重要的一个特征。满足上述过程需要有两个基本条件：其一是满足需求的针对性，其二是情感体验的期限性。

大学生的体育需求是不同的，有人为了娱乐，有人为了取胜，有人为了交流，有人为了调节紧张的学习生活。大学生的不同需求更明显地反映在体育需求的层次上，同样是学篮球，有的人是为了学会一种娱乐健身的方法；有的人是为了学习最先进的技术以参加比赛；有的人是为了当裁判，以利于日后参与社会生活；有的人把它作为一种体育文化，为提高自身的鉴赏能力，这就反映了逐级提高的需求层次。为了实现这种不同的需求层次，可以开设不同的课程。开设这样的课程具有明显的针对性，同时授课时间又不必过长，因为大学生已经具备独立思考能力、自主学习能力、自我展示能力，通过短时期的引导，将其进一步地深化至由学生自行解决，这是大学体育课程向小型化、课题化发展的第一个理由。

大学生的需求满足是实现情感体验达到高峰的前提，不仅如此，情感体验高峰的出现是具有一定期限的，重复过多，时间过长，必然引起情感体验的回落。因此，满足学生特定需求的特定课题，以较短的期限开设小型化、课题化的体育课程具有事半功倍的作用。那么，怎样开设小型化、课题化的体育课程呢？在大学的体育选修课中就可以开设，也可以在大学体育的必修课中以单元形式向学生开设。至于课程的内容，同样是游泳课，可以开设的课题为“实用游泳—潜水作业”“实用游泳—救生”“实用游泳—负重过河”“竞技游泳—蛙泳”等，而学习时间一般

几周即可。关于小型化、课题化课程的开设，在北京大学和深圳大学的体育课中已经开始实施；在中国经贸大学长城旅游学院开设的体育课中，凡是拓展类的项目也是以同样的方案开设的。这些学校在开设小型化、课题化的课程中，已经积累了一定的经验。

（五）信息需求导致体育课程的网络化

在大学体育课程改革的进程中，建立起如此复杂的课程结构，开设了如此众多的体育项目，又涉及成千上万学生参与选择学习，甚至开设了广泛的体育运动俱乐部，这将如何管理和操作呢？

面对体育课程改革出现的巨大信息流，只有采用网络化的措施才能解决问题。例如，北京大学体育课程开设的选学项目共有 40 余项，建立俱乐部有 20 多个，准备发展到 40 余个。在这样的背景下，全校联网，网上公布教师名单、教师资历与专长及开设课程的项目与要求；网上实行选课，网上实行课的评价等措施不仅简化了管理程序，而且提高了管理的效力。

由信息化带来的网络化，必将有更为广阔的发展前景。可以设想一下，如果可以实行大学间跨学校选科学习，如果允许大学生参与社会体育组织或社会文化体育实体，并承认其学历和给予相应的学分数，因此，高校体育课程改革将与体育社会化进程同步。此时的网络化将不再局限于校内，而是扩展到社会，高校体育课程网络化的巨大功能将能进一步地体现。

二、以“终身体育”为导向的个体发展

1978 年，联合国教科文组织通过的《体育运动国际宪章》中指出：“确信有效地行使人权的基本条件是每个人能自由发展和保持自己的身体、心智与道德的力量。”因此，任何人参加体育运动的机会均应得到保证和保障；必须有一项全球性的、民主化的终身教育制度来保证体育活动与运动实践得以贯彻于每个人的一生。以往不少人把体育运动理解为运动场上选手间的比赛，也有人把它理解为学校里的各种体育实践，总是把重点放在社会上某一年龄段的一部分人身上。现在的观点就不同了，从事体育、从体育中获得收益的不是社会上所有的人，应是从胚胎形成

直至死亡的整个人生的全部过程。这个观念也是宪章中特别强调的观念。

大学生进入了学校教育的最后一站，他们即将走向社会，在最后阶段的学校生活中确立终身体育的理念，养成终身体育的习惯，将是他们今后个体发展的保证。

（一）生活教育及发展方向

我国教育家陶行知提倡生活教育，但体育教育中应当如何体现生活教育，特别是大学体育课程中如何体现生活教育一直是人们关注的问题。笔者认为，大学体育课程中的生活教育也可以说是生活体育，其包含两层含义：其一是体育贴近生活，使体育适应现代化生活的需求，为现代生活服务；其二，以现代生活为依据，特别是在现代生活中出现的生态危机和生存危机的现实中，发现并创造出新型的体育活动内容，为解决这些危机而提供新的体育教育方式。

从教育贴近生活、为现代生活服务的层面来观察大学体育，其内容包括了生活和时尚。所谓贴近生活是指那些在日常生活中容易开展的项目，例如，学生进入工作单位后很难进行排球运动，但羽毛球、乒乓球却能在工作单位中找到实践的场所，而做操、打太极拳、行走和跑步则很容易找到练习的场所。

在大学开展的各种体育运动中，有不少项目具有鲜明时尚、生活的气息，这些运动项目是当代大学生喜闻乐见的。例如，篮球、足球和网球运动，它有平民化的生活时尚特征，也是社会生活中的主流文化。体育不但从各个方面影响着人们的生活方式，还影响着人们的生活质量。随着中西方文化的日益交融和国际一体化进程的加快，体育作为生活的时尚已经开始影响国人的生活观念，并在转变人们的生活方式、提高人们的生活质量和健康意识等方面发挥了应有的作用。

为缓解生态危机和生存危机而开发的新型体育项目越来越受到人们的关注。生态体育要求人们走入良好的生态环境中，在大自然中陶冶身心，如野游、定向运动、登山等生存训练；还要求人们通过体育活动，提高对突发事件的处理能力，从生存危机中得到解脱，例如攀岩、合力过桥、求生自强等。

（二）身体教育与发展动态

“学校体育以增强体质为主”这一提议虽然对学生体育的心理发展与社会适应方面的功能强调不够，但却纠正了单纯地关注基本知识、基本技术与技能，忽略了身体发展的状况，从实践的观点来看，这一提议在我国学校体育史上是值得一提的。

由此看来，增强体质的价值导向不应被忽视，体育的身体教育功能应当引起人们足够的关注。但是，在有关身体教育的理论问题上，当前却有一定的变化与发展。例如，在对身体素质的分类方面提出了与比赛取胜相关的身体素质和与健康相关的身体素质（体适能），其内涵是不同的。例如，不认为跑得快、跳得高所反映的速度、爆发力等属于和健康相关的身体素质的范围，而认为有氧耐力、力量、柔韧和身体成分所组成的素质与健康更为相关。

（三）情感教育与发展动态

情感是个人对特定对象在评价基础上产生的体验，如喜欢与厌恶、热爱与淡漠、愉快与不满等。有些人对参与的体育运动可以从喜爱到迷恋，但有的人也可能对体育活动缺乏热情，产生厌恶，这都是情感反应。情感发展依赖的是良好的学习环境和人际关系，人的情感在体验中培养，在冲突中升华。

体育在人的情感发展方面有着特殊的功能，体育学科区别于其他学术性学科的一个重要特征就是它能促进情感方面的发展。情感发展属于非智力因素的范畴，由于在体育教学过程中，学生角色扮演多样，信息渠道畅通，条件变化多端，因此有利于非智力因素的开发，也为体育的情感教育发展创了条件。体育过程具有广泛的社会性，可以接触到很多人，如家长、教师、同学等，更重要的是受到体育实践活动的影响。

体育运动包含着人们所具有的所有情感过程，是人们社会生活中休闲娱乐和放松身心的重要手段之一。体育活动常被人们视为愉快、高兴、娱乐、兴趣、兴致的同义词。因此，提倡快乐体育是课程的重要价值取向，开展娱乐性体育项目也成为体育课程改革的重要措施。娱乐体育的核心是游戏与比赛，一些正规的比赛可改造为娱乐性的游戏，社会上人们喜闻乐见的娱乐内容也可作为大学体育开展的内容。

（四）竞技教育与发展动向

竞技运动是大学体育的重要内容。竞技运动项目实行全球性的比赛规则，所以容易实现全球性的交流，更容易实现大范围的普及。我国在20世纪初，学校体育开展的是兵式体操、徒手体操和器械体操；1923年才把“体操科”改为了“体育课”；到了20世纪30年代后，竞技体育项目才真正地逐步在学校中开展起来。竞技体育项目在学校中的开展，标志着现代体育走进学校、走进课堂，极大地提高了广大学生的兴趣，对学校体育的发展起到了决定性的推动作用。

20世纪60年代以后，国际竞技运动有很大发展，竞技运动在受到高度重视的同时逐渐向高强度的负荷、高难度的技术和高精度的方向发展。在到竞技体育运动向职业化发展过程中，和竞技体育产生初期的娱乐、健身目标发生了抵触。高水平的竞技运动和人一般发展的体育运动相抵触的趋势至今还存在着。

20世纪80年代初，我国一部分体育专家针对高水平竞技运动远离健身教育目标的这一事实，提出竞技不是体育的观点，要把竞技运动排除体育教育的园地。直到今天，还有的专家把竞技运动与学校体育对立起来。

事实上，竞技运动是具有若干层次结构的概念，高水平的竞技运动不适合一般学生的需要，但适合一部分有竞技天赋的学生。竞技运动仍然是学校体育的主要内容，因此，学校中的竞技体育不应当被忽视，它是学校体育中的重要内容。当然，大学体育更是如此。

竞技运动是个性化倾向非常强的一项活动，是人们日常生活中展现自我的主要行为方式。在运动竞赛中体现出来的对胜与负的态度、荣誉感、团队合作意识和拼搏精神，处处体现着人们的个性特征和自我表现意识。因此，大学体育课程中，应把竞技教育置于重要的地位。

在我国基础教育阶段的体育课程中，竞技运动项目是重要的教学内容，特别是在高中阶段，形成稳定的爱好和特长已成为课程目标的特色。其中的专长基本上指的是竞技运动项目的专长，如从事足球、篮球、排球、游泳等项目。竞技教育有其特殊的功能，它能使学生的个性得到充分发展，实现自身的价值。

我国传统的大学体育课程内容划一，缺少生气，不能符合学生个体发展的需要，忽视了体育这门学科的人文精神。但是，当前很多大学开展体育课程改革，开设了选项课，或者可以完全由学生自主选择学习内容，或者可以让学生自主选择不同的教学俱乐部。虽然改革的方式不一样，但开设的内容却相似，基本上包括了各种竞技运动的多种项目，可以供学生和教师选择。这说明竞技教育无论是在今天，还是在将来，应是大学体育课程的重要组成部分。大学竞技教育的开展，将为学生稳定专长的形成、发展提供了保障。

（五）保健教育与发展动态

体育工作和卫生保健密切结合，历来是我国体育事业发展的一条重要经验。大学体育课程也必须以“健康第一”的理念作为指导思想，这是不容置疑的。但是以“健康第一”指导下的体育课还是体育课，难以用“体育与健康课”加以整合。健康教育有广泛的内容，通过1周2课时的体育课是无法完整地实施的；此外，体育课以身体练习为主要特征，而健康课程以掌握理论知识为主，两者难以融合成一门课程。健康教育的内容和体育关系密切的部分是可以融合到体育课中的，但是，仅限于安全、健康地从事体育运动这一部分，还包括采用运动处方的原理和方法，将其应用于体育课的实践之中。

根据上述分析，保健体育在大学体育课程中是可以结合起来的，但这种结合是有限的。保健体育体现在大学的体育课程之中，就要用健身原理来指导体育课，以保障体育教学的安全与有效。此外，有一项内容是应当特别关注，就是在体育课中广泛地利用运动处方的知识，使体育课程进一步实现其科学化。运动处方常见的有健美运动处方、有氧运动处方、调节体形形态的运动处方以及养生运动处方，运动处方在体育课程中的理论和实践部分均可以实施，但其重点是指导学生的运动实践，重在操作，讲究实效。

三、以“同步推进”为导向的总体发展思路

“同步推进”是指体育课程改革与大学总体改革相同步；体育课程改

革与体育社会化进程同步；体育课程改革与体育产业开发同步。最终目的是通过大学体育课程改革，提高大学体育的整体实力与学术水准，使大学体育成为我国体育发展的主要支柱。

（一）体育课程改革与大学总体改革相同步

体育课程改革需要配套，需要与大学总体改革的发展同步，这是历史的经验。说到同步，包括两种不同的状态：第一种是大学总体改革为体育课程改革创造了条件，要求体育课程必须改革；第二种是把体育课程作为龙头，促进大学全面改革。

对上述两种情况可以各举一个实例：

北京大学是属于大学总体改革为体育课程改革创造了条件，要求体育必须改革的典型。北京大学的总体改革实行了开放自主的课程管理新模式，全校课程均实行网上选课、学生自主构建的开放式教学。在这样的条件下，迫使体育课程也必须改革。目前北京大学开设 40 余种体育课程，举办了 23 个体育协会，体育课程完全体现了自主开放的特点。

首都经贸大学长城旅游学院则表现为以体育为龙头，促进学校全面改革的特色。该校指出，通过体育课程改革，“内拓潜能、外展形象”，带动全校整体推进。该校之所以能以体育课程改革为龙头，是因为旅游专业和体育专业极为接近，旅游本身可以作为广义体育的组成部分。此外，体育有其自身的特征，它可以成为推进整体改革的动力，这种特征表现在体育课程改革可以扩大社会影响（成果的外显性）、推进全面改革（影响的延伸性）、树立学校风范（学生身心发展的渗透性）、开拓旅游市场（教学质量和经营水平同步推进）等方面。

（二）课程改革与体育社会化相同步

大学体育课程改革可以成为体育总体改革的组成部分，从而推动体育社会化的进程。这种进程可以表现在教师校际兼课、学生校际选课上，也可以表现在大学体育设施向社会开放，社会体育设施向大学开放上，这和当前社会体育区域化构建及社区体育发展动态是完全相适应的。这种进程更可以表现在基础教育的体育发展和大学体育发展的贯通上，这和当前高水平运动队完成小学、中学、大学“一条龙”训练的发展动态是适应的。特别应当指出的是当大学体育网络进一步和社会体育网络贯通以后，信息渠道更为畅通，体育社会化的步伐更加快速。

（三）体育课程改革与产业开发相同步

把体育课程改革与产业开发密切结合起来，是首都经贸大学长城旅游学校的改革思路。该校位于北京北郊，毗邻长城脚下，它本身就是一个旅游景点。因此，该校的体育课程改革是和旅游景点中的运动基地的开发同步推进的，也是与建立学生的实习基地同步推进的。当景点和基地开发完毕，对内的教育事业开发和对外的旅游产业开发可以同步推进，对内的无偿服务和对外的有偿服务也可以同时推进，这是一个体育课程改革与产业开发同步推进的良好设想。

上述不同发展的构思促进了体育的社会功能，为体育课程改革促进总体发展提供了新思路。为了促进体育事业的总体改革，在体育管理体制改革的蓝图中，高校体育的作用更为突出地展示出来。当体育的政府机构实行简政放权后，社会办体育的作用将得到加强。作为人才会集的大学，特别是全国一流的大学，必将加强自己在体育领域的学术队伍，成为体育科研的重要力量。此时这些学校的体育事业将有更大的发展，这不仅显示在高校自身的体育改革方面、对高水平运动员的培养方面，更显示在对政府的体育咨询方面。目前，有很多大学引进人才，以提高学校的人才优势与学术层次。这种发展动态有望使那些学校迅速提高办学层次，力求在新的时期来临之时，高校体育的学术研究力量成为主导我们体育发展咨询的源头。

（四）体育课程模式的定义和类型

近年来，随着高等教育课程改革的稳步推进，高校体育课程改革也提上日程。我国高等学校体育课程改革取得长足的进展，同样对我国高等教育课程改革起了积极的推进作用。当前，在全国范围内已经有多所高校按照《全国普通高等学校体育课程教学指导纲要》的要求，结合学校实际，制订不同的体育课程方案，对体育课程进行大胆的设计和实施，并形成相对稳定的体育课程模式。值得一提的是，目前不少学校的体育课程成为学校课程中受欢迎的课程，有的成为国家级的精品课程，这种变化也更进一步地推进高校体育课程模式的构建。

作为一线的体育教师，研究较多的是教学模式，而很少研究的是课程模式。但是，在最近大学体育课程改革的实践中，我们看到了课程模式的身影。早在几年前，全国不少高等学校已经形成体育课程模式的雏形，从广度和深度上来讲，还不能称之为真正的课程模式，只能把它定位于教学模式。随着大学体育课程改革的不断深化和拓展，构建教学模式已不能适应发展的需要，开展教学改革又明显表现出力度的不足。开展课程改革、构建课程模式已成为大学体育改革的主题。

1.课程模式的定义

我国对体育教学模式曾做过一定的研究，几乎所有的教学模式构建都是从其他学科中引进的，是一种建立在认知心理学基础上的教学法的设计。从广度和深度上来讲，课程模式与教学模式有联系又有区别，其中最大的区别是两者的侧重点不同。无论是教学论，还是课程论均包含以下问题："为什么教""教什么""怎样教""怎样评价"。教学论主要解决的是"怎样教"的问题，偏重于教学方法和教学组织形式的优化上。而课程模式着重解决"教什么"的问题，偏重于整体的课程设计。如果课程改革不能解决"教什么"这个最基本的问题，那么课程改革肯定是不彻底的。

既然课程模式是着眼于整个课程设计的，那么，在高校体育课程改革中，若是按照一定的教育理念，结合学校的实际情况对课程的目标加以整合，并以此为根据，对课程内容、实施和评价做出整体的设计，并形成具有一定特色的总体方案，把这种总体实施方案称为课程模式。课程模式一般是针对特定对象和用在特定条件下设计的一种范式。它是典型的、简约表达的、有推广价值的。这种课程范式具有特定的课程结构与特定的课程功能，并与特定的教育条件相适应。它要规定课程内容的内部结构并没定其相互关系，同时这种结构的建立又是为特定的功能服务的。这种定义表明了课程模式与课程结构的关系，也表明了课程模式是课程的存在形式。它是为解决特定问题，在一定抽象、简化、假设的条件下，构建的一种介于理论和实践之间的、既有理论基础又有具体操作方式的一种范式。

体育课程模式是在体育实践中逐步形成的典型的、相对稳定的而又具有推广价值的特殊课程范式。这种范式我们称之为体育课程模式。

2. 课程模式的生成方式与过程

课程模式之间是不完全相同的，虽然构建的步骤基本相同，但是课程模式的生成方式却有所区别：有的课程模式是自行创建的，有的课程模式是建立在原有的基础上并有所创新的，还有的是大的课程模式中有小的课程模式。总结以上规律，我们提出了课程模式的三种生成方式。

第一种是原生课程模式。这种课程模式是通过对特定对象进行系统分析，在归纳和演绎的前提下，创造出原来不存在的课程模式。如教学俱乐部模式，成套拓展定向组合课程模式。

第二种是派生模式。它是通过对特定对象的课程进行系统分析，但是它借助已经建立的课程模式，派生出新的模式。例如，某校的自主构建模式是在原来的基础上创建的。

第三种是子项模式。它是在对体育课程进行系统分析的基础上提出一个课程的基本模式，以这样的基本模式为母体，在基本模式允许的范围内，构建出新的课程模式。

不同的课程模式生成方式表明大学体育课程模式构建完全可以根据自身情况自行创造；也可以借鉴别的学校的经验和模式进行再创造；还也可以根据有关规定，以基本模式为基础，创造出新的模式。现阶段我国大学体育课程已经呈现出一种多元化的状态。

（五）构建体育课程模式的一般步骤

在构建学校的具体体育课程模式时，力求每所学校都要构建符合本校实际的个性化的课程模式。从目前来说，一个课程模式完整的构建应包含以下五个步骤：理念更新、目标整合、学科构建、生理构建和心理构建。以这五个方面为基础构建的体育课程可以完整地设计出适合本校特点的个性化的课程模式，具有操作意义。

1. 理念更新

在近年来高校体育课程的发展过程中，高校体育改革理念发生了巨大的变化。可以说理念的更新改变了过去指导纲要的要求，使得在构建课程模式的过程中出现了多元化、多样性的特点。但是，对于具体的一所高等学校来说，当要建立适合本校特点的课程模式之时，此时的理念更新并不是指照搬2002年教育部颁发的《全国高等学校体育课程教学指导纲要》(以下简称《指导纲要》)中提出的理念，而是以《指导纲要》提出的理念为依据，提出对各校来说，有个性化特征的、符合本校实际的新理念。

我们绝不能忽视理念更新在构建体育课程模式中的重大作用，往往在对某一课程模式进行命名时，其名称反映的是符合本校特点的理念更新，其既符合《指导纲要》的共性理念，又反映学校特点的个性理念。例如，“完全开放式课程模式”“立足需求、构建整体改革、立体运作课程模式”“定向拓展、成套组合”等，这些课程模式的名称往往集中反映了理念的更新。

2. 目标整合

作为实施体育课程标准的操作思维方式，体育课程模式的目标体系包括分解和整合两个方面。当我们要介绍体育课程的目标体系时，可以把目标进行分解。例如，《指导纲要》中就把课程目标分为了总目标和具体目标。具体目标包括基本目标和发展目标的五个领域：运动参与目标、运动技能目标、身体健康目标和心理健康目标、社会适应目标。这是认识课程目标体系的必要途径。但当我们构建体育课程模式时，就不能再采用分解的办法，也不宜采用对号入座的办法，而是要实现对课程目标的整合，把课程目标和学校的客观条件以及学生实际结合起来。根据教学的经验，对目标进行选择和整合，最终使课程目标转化为有利于操作的学习目标，这也是课程实施中的重要整合。高校体育课程目标整合的具体含义就是根据《指导纲要》，结合学校的培养方向、学生和学校的发展需求以及学校具体发展目标对体育课程目标进行重新设计，使其更加正确、切实地反映学校体育课程的目标。

3. 学科构建

体育课程的学科构建是指体育课程的内容构建和实施以及评价，具体包括四个部分：一是教学内容分类、选择的原则与方法；二是单元构建；三是教学组织形式；四是课程评价。

(1) 教学内容分类、选择的原则与方法。

大学体育课程教学内容比起基础教育体育课程的教学内容有其自己的特点，它更加追求学生的个性，更加强调学生的需求，也更重视学生终身体育的养成。因此，教学内容更加广泛，更具有选择的余地。课程内容一般包括理论知识类内容、技能类内容、拓展类内容和情感类内容。理论性知识内容包括有关体育理论知识、保健知识、运动处方、有关项目的知识等，主要是提高学生体育文化素养，让学生学会自我锻炼的方法并能够自我评定。技能性内容包括基础技能、专项基础技能和专项技能。拓展类运动项目是顺应终身体育观的形成而开发的新型运动项目，它包括了适应日常生活的生活类体育项目，走入自然环境的生态类体育项目，处理应急事件、维护安全的生存类体育项目，适应现代生活的时尚类体育项目。情感类内容在学生运动过程中得到体现，包括体育兴趣爱好的培养、体育习惯的养成、体育意志品质的培育、体育价值取向的定位以及良好体育态度的形成。

学校根据具体情况和需求，可以对内容分类，如有学校把教学内容分为基础、专长与拓展三大类；有些学校则是根据学生需求把内容一一罗列，供学生自主选择。

根据学校的不同需求，对体育教学内容的选择、采用的方法和原则各有所区别。例如，对于基础类可包含一般身体发展练习，以及在中学阶段已学过的各种内容，可安排在各个教学单元之中。对于专长类内容可提供多种内容让学生自主选择。对于拓展类内容可以采用小型化、课题化的形式对学生进行广泛的介绍，教学时数可以少一点，不以重复单元出现。又如，采用教学俱乐部的形式或完全开放式的课程形式开出各种专项、各种类型的课程完全由学生自主选择，教学内容的组合可以采用主项选修、副项搭配的形式，也可以采用成套选择的形式；对于专业特点明确的专科性大学还可以安排与专业密切相关的项目。

（2）单元构建。

高中和大学体育课程目标有所区别，因此，高中和大学单元构建有相同点但又有所不同。区别在于中学单元构建主要是形成稳定的爱好和特长，因此，单元构建中一般采用模块组合。一个学年的教学可以由多个模块组合成不同的单元，在学生选学的有利于形成稳定爱好和专长的教学单元中，又可实施主项选修、副项必修的教学方式。主项和副项既反映选择与基础的关系，又实现了互补关系。副项除了实现身体基本活动能力的发展之外，还对主项起到了补偿、追加、准备、放松、拓展等多方面的功能。在提高学生学习效果方面，单元构建侧重于学习内容的具体实施、让学生形成稳定的爱好和专长。

大学体育课程主要是发展学生个性，为学生提供个性化的内容，因此单元构建侧重于对学习内容的选择。有选项必修、专项选修、提高课等，甚至有些学校出现了特色教学项目、兴趣选择项目。为了适应学生不同层次的需求，有些课程正向着小型化和课题化的方向发展。

（3）教学组织形式。

我国综合性大学体育课程的教学组织形式基本上已经改变了原来的教学班，按照上体育课的要求重新编班，均要求在一所学校教务部门的统一调度下，对课程的总课表进行统一调整。这种调整有两种方法：第一是把一些课时确定为学校选修课时，完全按照学生所选科目开课，此时完全打破了班级和年级的界限。这种方式还可能发展为完全开放式的教学。进入新世纪后，多所高校的大学体育课采用了“三自主”的方式来上课，包括自主选择运动项目、自主选择任课教师和自主选择学习时间。这种授课方式已完全打破固定班级授课制的限制，体现了时代的新特征。第二是把几个班级安排在同一时间上课，打乱各个班级的界限重新编班。一些规模小的专科性学院继续保留着原教学班为单位的授课制度，但是教学内容重点考虑了专业对体能与技能的需求。

（4）课程评价。

体育课程的评价较以前有所变化，对学生进行评价时不再把重点放在对学生的技术评价上，而是关注学生对体育的态度、参与的积极性、体育知识与技能的应用以及社会适应能力上。

4. 生理构建

所谓生理构建是指用生理学的知识来构建体育课程模式，一般包括两个方面：一是安全健康地从事体育运动，养成科学锻炼的习惯；二是指把运动处方引进体育课程领域，使体育锻炼适合学生个体的生存发展条件。这在体育课程模式中已经有所阐述。学校也开始重视学生科学的锻炼和进行自我评价。

5. 心理构建

心理构建是指用心理学的知识进行课程构建，这在我国众多的体育课程教学模式中都有所体现，如快乐体育教学模式、成功体育教学模式、创造教学模式等。这些模式均是建立在认知心理学基础上，讨论的是学生的心理发展问题。体育课程模式不仅要建立在心理构建的基础上，还应当考虑学生学习过程的生理构建。

第四节　高校体育教学管理改革思路

一、对高校体育管理工作的改革

体育工作是学校教育工作的重要组成部分。在“应试教育”向“素质教育”转变的今天，如何提高高校体育工作的管理水平，将直接影响新时期党的教育方针能否得到全面贯彻执行。因此，加强高校体育工作的管理是全面贯彻党的教育方针的需要，是“应试教育”向“素质教育”转变的需要，是培养21世纪复合型人才的需要。要使体育在高校教育中发挥更大的作用，首先要建立一个强有力的领导班子；其次要建立一个科学的评价体系；最后要建立一个团结向上的体育教研组来加强高校体育工作管理与开展教科研活动。

（一）建立一个强有力的领导班子

体育教育要在高校工作中发挥更大的作用，必须要有一个有权威，能领导、指挥、协调学校体育工作的领导小组。由体育工作领导小组来健全管理制度，构建管理网络，实施运行管理，做好环环落实。

校长是高校工作主要领导者和组织者，负责统筹协调高校的体育工作。高校各级管理部门中教导处是高校工作的主要职能部门，参与体育管理全过程，是管理的主要角色和实施者。学校工会、团队、总务部门、体育教研组、年级组是高校体育工作管理群体，它们从不同的角度、层面，充实、丰富、调整学校体育管理，从而使管理更加贴近学校实际，更加符合客观规律。在体育工作领导小组协调下使各部门之间相互沟通、相互协调、综合平衡，从而系统全面地搞好高校体育工作。

加强高校体育管理最终的目的是面向全体学生，全面提高学生素质，提倡教育自主性，这也是素质教育的基本点。

（二）建立一个科学的管理评估体系

国务院批准颁布的《学校体育工作条例》（以下简称《条例》）是规范学校体育工作的重要行政法规。为了加强法规检查，促进学校贯彻落实《条例》，推动基层学校体育的开展，全面推进素质教育的实施，1996年，浦东新区教育处教科所率先在浦东新区实行《浦东新区中小学体育工作评估方案》试行稿。1997年3月，上海市教育委员会为贯彻《条例》适应教育转轨，加强学校体育工作的质量和效益，根据上海地区的特点和学校体育工作实际情况，制订了《上海市实施学校体育工作条例评估标准》试行稿。1998年，国家教委根据《条例》制订了《普通中小学和中等职业学校落实学校体育工作条例》检查评估细则，并于1998年3月20日下发通知，就检查工作作出7项规定。

从原国家教委、上海市教委、浦东新区教育处所发的一系列评估细则可看出，高校体育工作不是一门单一的学科。它是党的全面发展教育方针中的一环，较其他学科的工作是涉及得更为量多面广。高校体育工作的管理水平是衡量学校“转变教育”成败的一个重要方面，也是各级领导极为关注的问题。因此，建立一个科学的高校体育工作评估体系是解决这个问题的有效手段。

在评估活动中应根据评估对象的目的、类别，逐层次地建立一系列具体量化评估指标，用以系统客观地反映被评对象的全貌，使高校体育管理工作由虚变实，由软变硬。这样既便于操作，又便于检验。其基本内容应包括组织领导、规章制度、体育教学、群体活动、课余训练、体育竞赛、群体效果、设备经典、器材管理等。该评估体系的建立旨在提高体育管理的科学性、预见性和准确性，把高校体育工作逐步纳入制度化、科学化、规范化的管理轨道。

科学的评估对学校的体育工作具有导向性。它可以帮助各级管理层了解学校体育工作情况，便于决策和指导，从而提高管理水平。通过评估可以将有关信息及时反馈给各级管理人员，便于领导作出科学决策。另外，通过评估还可以与兄弟学校其他组室进行横向比较，有利于相互学习、共同提高。

（三）建立一个团结向上的体育教研组

高校体育教研组是高校体育工作的主力军。搞好高校体育教研组建设的关键是要加强对体育教师队伍的管理、规章制度的建立和精神文明建设。

1. 教师队伍管理

首先，体育教研组长应具备较高的思想政治觉悟，热爱党的教育事业。有民主作风，有较高威信，办事公道，事业心强，有奉献精神，有较高教科研水平，这样才能带领出一个团结奋斗、积极向上的体育教研组。其次，对体育教师的管理主要是对体育教师教育教学工作的安排、指导和检查，使其尽职尽责。最后，要帮助体育教师不断提高教育教学素养和能力，其中包括“德”（高尚的师德、强烈的事业心、埋头苦干的作风、虚心好学的求知欲）；“识”（具有教师所具备的一般知识，体育教育基础知识、专业知识等）；“能”（增强的体育教育教学能力、语言表达能力、动作示范能力、组织评价能力）；“体”（强壮的体魄、朝气蓬勃的气质、开朗热情的性格），使他们成为具有远大理想和奉献精神的合格称职的优秀体育教师。

2. 规章制度的建立

建立完善的规章制度能够把体育教研组建设纳入正常的轨道，使体育教研组的工作有条不紊地进行。例如，体育教研组建立岗位责任制，能使每个体育教师职责分明；建立固定的学习制度，能提高教师的政治素养；建立定期教研活动，能提高教师教学业务能力；建立体育数据资料的保存制度，便于开展教科研活动；建立相互间的听课制度，有利于取长补短。总之，建立合理完善的规章制度，不仅是科学管则的需要，同时也是一种再教育的手段。它对于培养体育教师的组织性、纪律性、良好的工作习惯都有积极的促进作用，并能使体育教研组的建设有章可循，有法可依。

3. 精神文明建设

精神文明建设是体育教研组建设的一个重要方面。它是一种精神力量，在一定条件下能产生巨大的效能。学校体育工作需要全体教师的共同努力才能完成。因此，团结每一个教师，发挥每一个教师的工作热情是精神文明建设的首要问题。其次，锐意进取、勇于开拓的精神是开创素质教育新局面的需要。埋头苦干、吃苦耐劳、任劳任怨的实业精神是（脑力劳动中的体力工作者）体育教师的优良品质。同时，精神文明建设是一个长期的过程，我们必须从身边的每一件小事做起，日积月累、潜移默化，养成高尚的师德，把体育教师组建设成精神文明教研组。

加强学校体育工作管理和体育教研组建设对学生的体质、学生的精神面貌、学生的组织纪律性和学校良好校风的形成具有决定作用。因此，高校体育管理在当前形势下必须与素质教育相匹配，它将采用系统和动态的方法、环境和目标的方法、结构和功能的方法、心理和行为教育的方法，并使这些方法形成一个综合体系，共同构成高校体育管理、体育教研组建设新模式。

二、高校体育教学管理活动的创新

高校体育教学管理活动的实质与核心便是通过管理调动体育教学中的各大要素，使其发挥有效作用，从而实现体育教学目标。创新高校体育教学管理活动是激活各大要素的重要方式，而真正实现创新必须规范管理活动，提升管理活动的时代价值与文化内涵。规范高校体育教学管理活动是实现创新的重要基础与首要环节，从事教学活动的教师、参与体育活动的学生、教学内容、教学方式、教学器具等各要素必须在正常的管理体系中。活动创新需要调整的是要素与要素之间的关系，当某一要素有失规范，管理效率与力度将会受到严重削弱，创新难度进一步增大。高校体育教学管理活动并不是封闭式的，而是与外部社会密切联系的，这符合社会的发展需求，可以彰显时代的价值。为适应社会发展和时代进步的需要，我国已提出要培养观念、知识、素质、能力和全面发展的复合型人才。这表明高校体育教学管理的内容不是一成不变的，其最终要将体育活动内化为大学生的终身习惯，大学生必然要走出校园成为社会人。高校体育教学管理实现创新就必须要充分认识这一变化情况，适时作出调整，赋予管理时效性。

（一）高校体育教学管理体制的创新

高校体育教学管理体制的创新也可以说是管理规则的创新与管理制度的创新，目的是能够以更加有效的体系实施管理。保障管理制度的完整性与科学性是实现管理体制创新的重要基础。完整性是指各项管理内容都具有制度的规约，避免出现制度空缺的现象，造成体育教学管理活动的混乱，做好管理的评估与反思工作是重要的方式。科学性是指高校体育教学管理制度的制订要符合高校体育教学活动的一般规律，顺应高校体育教学的发展趋势，体现“以人为本”的制度关怀与满足高校体育教学目的的制度约束力。在制订完备的管理制度的基础上，更要明确三大基准。其一，实施高校体育教学扁平化管理结构，提高管理的效率，弱化管理的权力意识，符合高校“去行政化”的管理理念，充分提高各管理要素的效率价值。其二，进一步强化高校体育教学管理的核心目标与使命，将提升高校的体育教学质量放在首位，保障学生在体育教学活动中充分享有主体权益，实现学生的终身体育价值观，这是管理体制创新的灵魂。其三，充分下放基层体育教学的管理权限，适当赋予学生部分管理权限，实现高校体育教学的自我管理，并针对体育教学活动出现的具体问题及时进行调整。这一做法解放了传统管理体制的束缚，提高了管理效率，实现了管理体制的创新。

（二）高校体育教学管理机制的创新

高校体育教学管理机制的运行状况直接关系到体育教学活动的开展，创新管理机制已成为重中之重。管理机制的创新与管理体制的创新不同，管理机制的创新必须依托一定的载体进行，从根本上说就是要建立高校体育教学管理约束机制与激励机制。管理是达到组织目标的过程，其重要的内容便是约束，高校体育教学管理的有效实施必须依托约束机制的建立，教学活动中各管理要素都要有序完成自身的职责，即各司其职、各领其责，不能超越管理权限开展活动，也不能消极怠工。约束机制建立的目的并不是限制，而是规范。激励机制的建立也是高校体育教学管理机制创新的重要内容，激励有助于增强教师与学生的积极性，便于增强其参与体育教学活动的动力，而激励方式主要包括薪酬激励、荣誉激励、成绩激励等。由于每个学生在身体素质上都表现出不同的个体差异，在激发学生的学习兴趣的时候首先就要考虑到这个问题，因此根据这样的情况就可以采取不同的激励办法。这一方法丰富了管理的形式，形成了良好的管理机制。

（三）高校体育教学管理观念的创新

高校体育教学是将体育精神与文化注入学生思维中的重要方式，而高校体育教学管理观念则直接影响管理活动的开展与高校体育教学的效果。因此，高校体育教学管理观念要着眼于体育教学本身，结合当今社会发展的大环境与大背景，坚持面向现代体育教学，不断激发求知创新能力，落实健康为根本的管理观念。教师首先要树立对学生新的评价理念，通过积极的教学评价，鼓励学生看到点滴进步所带来的希望，帮助大学生重新审视自己，使大学生内在自我潜能得以提升，从而提高自尊心和自我效能感。高校体育教学必须做到与时俱进，着眼于国家与社会的未来发展不断地进行创新，满足社会对于高校体育教学的要求，面向现代体育教学的管理理念符合高校体育的发展趋势。当今时代高校体育教学的“生活化”和“终身化”已是大势所趋。激发求知创新能力的管理观是提高高校体育教学质量的重要路径，目的是更好地探索未知的体育知识与技能。通过调动管理要素，形成有利于体育知识创新的各项条件，激发教师与学生在参与体育教学活动中求知、求新的主动性与积极性，不断探索新型体育教学模式，形成师生共同发展的体育文化氛围。以落实健康为根本的管理观是以人为本理念在体育教学管理领域的延伸，这既体现了体育教学活动的根本目的，即培养学生的健康意识与观念，形成积极参与体育锻炼的习惯，也为社会培养具有健康体魄的人才奠定了重要基础。高校体育教学管理观的创新必须引入终身教育理念，把对每个学生能力的锻炼、习惯的培养作为教学考核的重要内容，并落实到具体教学目标与任务中，这符合终身教育理念的基本要求。终身教育理念与以人为本理念的结合是高校体育教学管理理念创新的基础。

第三章　高校体育教学模式的现状与发展

第一节　体育教学模式理论分析

近年来体育教学理论有了突破性进展，如何对在不同教学思想指导下的各种教学方法、教学策略进行比较、分类、剖析，选择适当的教学方法进行教学以达到教学效果的最优化成为当今体育教学改革的一个重要任务。教学改革的真谛就在于对传统教学模式的改造和对新的教学模式的寻求。建构一种教学模式需要有一定的规范和基本要求。

一、模式的特征和意义

模式是具有理论意义和实践价值的、典型的、相对稳定的，又具有推广意义的范式。模式是既有理论基础，又有操作方式的一种范式，从它的形成过程看，其既包括了理论通往实践的具体化过程，也包括了体验通往观念的概括化过程。它为教育理论和实践构筑起了桥梁。因此，它既不同于目标和理念，也不同于一般的工作计划。模式一般是针对特定对象利用特定条件设计的一种范式，因此它具有典型性。它相对稳定但又变化多端，因此形成了模式多元化、多样化的局面。构建一个模式是便于该模式在同等条件下得到推广，因此它具有典型的、简约的表达方式。模式的表述无须长篇大论，但实际内容却很丰富。有效的模式应具备三个条件：指导思想和目标明确、工作结构和步骤清楚和有效地动员群体参与。

二、新型体育教学模式的特征

近年来，由于人们对教学模式的普遍关注，出现了各种各样的体育教学模式，有的比较成熟稳定，有的还处于探索实验阶段，有的甚至只是改头换面地搬用了其他教学模式，旨在刻意地杜撰属于自己的所谓“新”教学模式，这在教学模式过程研究中是不值得提倡的。构建新型体育教学模式应以是否有利于提高教学效率，是否有利于学生素质的全面发展为目的。新型体育教学模式要有以下几个特征：

（1）新颖性、独特性。

教学模式的新颖性首先体现在用先进的教育思想、教育理论为指导，采用新技术，构建新的教学结构体系。新型体育教学模式要在教学观、教学目标、教学方法、教学手段等方面有所体现，不应该等同于一般体育教学模式，否则“新”字就无法体现。独特的某一新型的体育教学模式具有特定的目标、条件和范围。新教学模式的建立并不是为了取代原有的教学模式，而是对原有教学模式的发展，是根据新的教学理论，为实现一定的教学目标而建立的，它不是万能的，同样具有一定的应用条件和范围。如果不具备其特定的应用目标、条件和范围，就难以产生相应的教学效果。

（2）可行性、推广性。

新型的体育教学模式应该是符合和体现现代先进教育思想和教育理论要求的、拥有比较完整的操作要求和基本程序的教学模式。无论是从形成过程还是从建构目的来看，该模式都必须通过实践验证来指导体育教学活动。它对于人体的操作要求和基本程序应该是具有可行性的，否则它也不能成为教学模式。新型的体育教学模式只有具备了可行性，才有推广价值。例如，教学模式要有一定的实施条件，但这种条件不宜过窄，要能够让他人模仿和运用，要有明晰的可以借鉴的操作程序。如果人们无法进行模仿、运用和推广，这样的所谓“模式”就失去了其研究价值，最后只能是昙花一现。

（3）稳定性、发展性。

稳定性是教学模式形成的一个重要标志，对于一个成熟的教学模式而言，其必须有相对稳定的理论框架和操作程序。课堂教学模式形成的是教学活动中各要素之间稳定的关系和活动进程结构形式，变化不定的“模式”无法为人们所把握，因此也就不具备可行性，这种模式其实是名存实亡的。但是，稳定并不是一成不变的，在长期的教学实践中每一种教学模式的形成都是一个不断发展的过程，稳定只是相对的，而不是绝对的。赫尔巴特的四阶段课堂教学模式由其弟子补充完善为五段教学法，在教育史上统治了近半个世纪。广大教师有意识而自觉主动地去探索、实验、充实是教学模式发展和完善的基础。教学模式作为教学理论和教学实践紧密结合的产物，一经形成不断发展之势，那么所起的作用将是不可低估的。可见，新型体育教学模式只有在实践中发展完善才具有价值。

（4）多元性、灵活性。

多元性、灵活性是当前教学模式研究和发展的一个主要趋势。不同的教学媒体具有不同的教学特性与功能，不同的教学内容、知识类型、教学对象年龄层次等都具有自身的特性。因此，在构建新型体育教学模式时应注重统一性与灵活性相结合，建立多元的新型课堂教学模式。就某一特定新型体育教学模式而言，教学的结构进程显然是固定的，但是教学方法却是灵活的。因此，同一体育教学模式，其教学过程也可以是丰富多彩的。

三、体育教学模式的生成方式

在体育课程与教学改革的进程中，出现了很多新名词命名的模式，很多老模式也出现了新姿态。换句话说，层出不穷的新模式既使人耳目一新，又使人眼花缭乱，我们应当如何理解这样一种发展动态呢？其实作为一种新的模式，其生成方式有三类。第一类是原生模式，这种教学模式是通过对特定对象进行系统分析，在归纳和演绎的前提下，首创的教学模式。例如，体育技能教学模式和体育体能教学模式，完全是在体育学科的范围内自主创造的，虽然现在已是老模式了，但是它创造之初就是一种新模式，完全可以把它称为原生模式。第二类是派生模式，它是在对特定对象教学进行系统分析的基础上，借助已经建立起来的模式，派生出新的模式。这种模式以教学模式为多，基本上是从其他学科中引进的，其中影响较大的有体育程序教学模式、运动处方教学模式、体育发现式教学模式、快乐体育教学模式、体育情境教学模式、成功体育教学模式、体育台作教学模式等。第三类是子项模式，它是在对特定课程进行系统分析的基础上，提出一个教学的基本模式，以这样的基本模式为母体，在基本模式允许的范围内，构建出新的教学模式。

四、体育教学模式构建的基本要素

体育教学模式不同于教学方法，它具有一个相对稳定的教学结构。体育教学模式的结构是指发生在体育教学过程中构成教学的诸要素以及相互关系。这些要素在构成体育教学模式中具有不可或缺、不可替代性。一个成熟的教学模式在确保师生互动，提高教学效能的前提下，应至少包括以下四个基本要素。

其一，理论基础。每一种教学模式都是在一定的教学思想、教学理论指导下建立起来的。教学模式的教学理论或思想，是教学模式深层的、内隐的灵魂和精髓，它决定着教学模式的方向和独特性，它渗透在教学模式中的其他各因素中，并制约着它们之间的关系，是其他体系赖以建立的依据和基础。影响和制约体育教学模式理论基础的因素主要有以下几个方面：

（1）体育观。

每一位体育教师在教学实践过程中，都不知不觉地受到一种观念特别是体育观的支配。也就是说，每一位教师所从事的教学实践活动从深层次上进行考察，都与他们对学校体育的认识紧密相连。事实上，无论人们的意愿如何，所有的体育教学方法、教学模式都与某一哲学观有关。现代哲学观中的逻辑主义、直觉主义、形式主义、结构主义等哲学观对体育教学模式的影响是直接的、根本的。

（2）体育学习理论。

现代教育学、心理学的最新成果推动了体育教学理论的发展，并指导体育教学改革实践。例如，程序教学模式的理论基础是行为主义心理学。许多不同的教学模式的理论基础其主题是一致的，布鲁姆的概念获得教学模式、加涅的累积性教学模式、奥苏伯尔的先行组织者教学模式等，其理论基础都是现代认知心理学理论。建构主义学习理论强调学生学习活动过程中的自主参与，要求学生由外部刺激的被动接受者和知识的灌输对象转变为信息加工的主体、知识意义的主动建构者，这给教学过程中教与学的双方都提供了一种明确的新思路，同时也给建立新型的教学模式提供了一个新的参照系。建构主义的教学理念要求教师彻底摒弃以教师为中心的传统教学模式，采用全新的教学方法和全新的教学设计思想，因而必然要对传统的教学理论、教学观念提出挑战，从而形成新一代学习理论。建构主义学习理论形成的同时，也逐步形成了与建构主义学习理论相适应的新一代教学模式、教学方法和教学设计思想。

（3）体育教学理论。

体育工作者对体育教学目标、本质、规律、价值、功能等一系列的研究，为体育教学模式的改革与创新奠定了基础。一种教学思想成为贯穿于整个教学模式的一条主线，体现在教学模式的每个过程以及各个方面。一种教学模式是否成熟，可以从其理论基础中窥见一斑。

其二，教学目标。体育课堂教学目标是对课堂教学中学生所发生变化的一种预设，是完成体育课堂教学任务的指南，是构成教学模式的核心因素，是进行体育课堂教学系统设计的一个重要组成部分。每一种教学模式都是为了完成某种特定的教学任务而设计、创立的。教学目标是教师对教学活动在学生身上所能产生效果的一种预期估计，是进行体育课堂教学设计、进行体育课堂教学活动的出发点和归宿。教学目标的确定在于能使活动具有明确的方向，克服教学活动中的盲目性和随意性，它制约了教学程序、实施条件等因素的作用，是教学评价的尺度和标准。一种先进的教学模式其目标的制订应是科学合理的、具体的、可测量的、便于操作的，而不是笼统的、抽象的，教学目标应包括基础知识、基本技能、能力发展诸方面。教学目标应具有层次性和渐进性，具有从低级水平到高级水平的渐进过程，是反映由知识、技能转化为能力，并内化为素质的要求和过程。教学目标的确立与实施不能从单纯的生物观出发而忽视长远目标，忽视对学生的体育观念、体育意识、体育能力等素质的培养，以帮助学生教学目标既要考虑到学生智力因素的培养，又要考虑到学生非智力因素的培养，如形成良好的个性品质。

其三，操作程序。成熟的教学模式都有一套相对稳定的操作程序，这是教学模式的本质特征。操作程序详细说明教学活动的每一个逻辑步骤，以及完成该步骤所要完成的任务。一般情况下，教学模式明确指出教师应先做什么，后做什么，学生分别应该干什么。由于教学过程中，教学内容的展开顺序既要考虑到知识体系的完整性，又要照顾到学生的年龄特征，还要有基本教学方法交替运用顺序，因此，操作程序既是相对稳定的，又不是一成不变的。操作程序的设置应遵循学生的认知规律和认知基础，首先要遵循从生理上安排负荷、安排组合教材等，从心理发展方面既要考虑智力因素，也要考虑非智力因素。设计由易到难，由简到繁，由基础到综合的教学程序，既可以适合不同水平的学生，又能激发学生的体育兴趣，发展学生的体育能力。

其四，实施条件。任何一种教学模式都不是万能的，有的只能适合于某一类课型，有的适用于几种不同的课型。即使是同一种教学模式在具体实施过程中，其在教学策略上也必然存在较大的差别。教学模式的实施还与师生之间的配合有关。教学模式的实施条件一般包括教师、学生、教学内容、教学设备、教学时空的组合等因素。在教学活动中，教师的教学水平、教学风格、学生的能力水平以及师生关系是实施某一教学模式、达到最后教学效果的一个重要因素。不可迷信某一种单一的教学模式，选用教学模式时，应适当变更、调整教学模式，发挥自己的特长，为己所用。作为一个新的教学模式，它的确立应具备什么要素？或许我们提出了体育教学模式，但如果其基本要素不完全，那么它就不能称为教学模式，还需对其进行进一步的完善。

五、构建体育教学模式的方法与实践操作

（一）构建体育教学模式的方法

每一个教师在教学实践中都有意识或无意识地采用一定的教学模式进行教学。在长期的教学活动中，教学理论研究和教学实践探索的深入使得教师不断创造出新的教学模式，这种研究探索是无止境的。随着教学理论与教学实战活动的发展，当用以组织和实施具体教学过程的相对系统、实践策略、基本方式和方法基本稳定时，一种新的教学模式就会形成了。这种来自教学理论与教学实践的有机结合的产物，反过来会进一步指导和促进教学的发展。与此同时，教学模式自身又不断得以丰富与完善。课堂教学模式建设途径多种多样，许多教师是在自觉与不自觉中进行着教学模式建构的“行动研究”实践的。从实际教学情境出发，进行研究、诊断、分析，对教学提出改进措施，是一项以实践为逻辑起点，以改进体育教学实

践为归宿的研究活动。这不仅是对满足于现实问题的解决等经验层面上总结，还需要对已取得的成功经验进行理论上的探索和理性思考，并在实践的基础上，在一定的范围内作出自已的理论贡献，其宗旨是提高教育教学质量和效益，改进教育教学工作。体育教学过程是一个复杂、多变的动态过程，每一位体育教师要经常反思行动过程中的问题，通过行动研究，依据行动的实际情况，随时调整计划，改进教学方法，使日常的体育教学活动不仅成为教与学的工作过程，还要成为一个教师反思教学、进行教学研究过程，使研究过程成为一个理智的工作过程，达到研究和行动的完美结合，使研究能有效地改进教学行动。目前体育教学及研究水准不断提升，每一位体育教师都应有参与教学科学研究的意识和义务，不要忘记自己既是体育教学人员又是教育研究者，要发挥主动性和创造性，重视对教学模式的构建研究。就如何构建教学模式而言，目前并没有固定不变的程式，但无论是采取哪一种类型得到的教学模式，都必须经过课堂教学实践的检验。现代科学方法论中，建模是一种重要的研究方法。科学研究有定性研究和定量研究两种主要的方法。从模式论看，则有定性建模和定量建模两种建模方式，而教学建模主要采用定性建模的方法。总体上从方法论角度来看，构建体育教学模式主要有以下三种方法：

（1）总结归纳法。可以从大量的教学实践中总结规律，再通过归纳法的筛选，上升到理论，形成“实践—理论”归纳型教学模式。即从教学实践出发，对实际经验或研究成果进行加工提炼，并将其升华为教学模式，然后在教学实践中不断循环往复，因势利导，日渐定型。其过程一般是：经验—理论—实践—完善—推广。用归纳法研究教学模式主要是经验概括或行动研究，即在大量的教学实践基础之上，从优秀体育教师的教学经验中总结出优点，概括出共性，并对之规范化、系统化、程序化，使之形成教学模式；或者采用行动研究法，“处方式”地分别研究教学模式的要素，然后综合、归纳出教学模式。故归纳研究教学模式的起点是教学经验，模式形成的过程是筛选、概括经验。

（2）理论推演法。有许多教学模式并不是直接从教师的经验中逐步上升到理论，而是从现代体育教学理论、体育教学方法论、体育哲学等理论科学模仿演绎应用到教学实践中去，形成了“理论—实践”演绎型教学模式。这在近几年教学模式的形成中起到了重要的作用。根据体育教学理论、教育心理学以及其他相关学科的研究成果提出假设加以设计、演绎，并运用到教学实践中，从而使教学模式变得丰富多彩。系统论、信息论、控制论等科学方法的介入，也使教学模式的构建更为科学和严密。这在客观上显示出教师加强自身学习、跟上教学理论发展步伐的必要性和迫切性。用演绎法研究教学模式主要是先从理论出发提出设想，设计出模式，再验证设想。即从一定的教学思想或理论假设出发，根据教学要求和学生实际，设计出相应的教学运行模式，再付诸实践，经过实验、验证、发展和完善，最后形成可供借鉴、推广的教学模式。其过程可表述为：设计—实验—验证—发展—完善—借鉴—推广。验证过程主要是将设想转化为教学活动的指南，具体提出基本的操作策略和程序，从而实现预定的教学目标。从某种理论出发设计教学模式并将之用在教学实践中，这带有一定的实验性质，对教学模式的丰富可以起到积极的促进作用。从先进的教学理论出发提出正确的设想是使用演绎法得到教学模式的关键，验证设想是模式形成和完善的重要保障。就教学模式的形成而言，起源于对实践经验的总结、归纳。另外，系统科学以及计算机、网络技术的广泛运用使得人们借助于系统科学的思想以及先进的理论，运用演绎研究的方法研究模式，从而拓展研究的视野，提升研究层次。

（3）综合法。现行实际情形中，体育教学模式的构建不是单纯地从某一个体经验基础上归纳而成，或者是从某一理论纯演绎或采用简单的借鉴、模仿而得，而是在吸收两种或两种以上教学模式的某些思想、策略、结构、方式的基础上综合构建而成的。虽然综合运用归纳法和理论推演法构建教学模式成为主流走向，但是无论是采用哪一种方法，都有一个运用推广教学模式的过程。必须注意的是，不能只是给教师提供一种操作的框架，而应注重引导其对相应教学理论、原理的学习和把握，更不能急于求成。学习推广同一种教学模式应循序渐进，在小范围内实验、提供示范的基础上逐步推开，留给体育教师一定的可供发挥的空间。

（二）构建体育教学模式的实践操作

对于从事教学实践的体育教师而言，如何构建实用可行的教学模式以改进教学，可主要采取行动研究法，具体通过以下五个步骤来实施。

1.总结归纳

一名优秀的体育教师要善于不断地总结和反思自己的教学行为，从自己的教学实践或教学观摩活动中精选案例，将其作为分析研究的第一手材料，以现代教育教学理论为指导，总结出自己在体育教学过程中成功的范例，归纳、提升形成自己独特的教学风格。这不仅是自己体育教学实践的结晶，同时也是建构体育教学模式的必要基础。

2.比照反思

形成一种教学模式并不是简单的教学经验的汇编。一名成熟的体育教师要善于不断地总结和反思自己的教学行为，还需要按照是否有利于学生素质的全面发展的要求，对教学过程中师生双方的活动、教学实施的程序及其方法、现代思想的体现现代化教学手段的运用等是否融为一体进行比照与衡量，综合与反思，形成一个实施教学的课堂策略体系。

3.完善设计

体育教学模式的形成是一个不断完善、发展的过程，需要遵循从“实践到理论再到实践”或从“理论到实践到理论再同到实践”的不断升华，从教学目标、教学结构程序、教学手段方法等方面完善教学模式的设计，把不利于学生身心素质全面发展的因素去除，留其精华，把优秀的教学传统继承下米。

4.实践检验

进行体育教学研究的宗旨就是为了有效地促进教学实践，一种教学模式是否成功有效，唯一的标准是通过实践来检验。只有符合客观规律而又行之有效的方法、途径才会有生命力。教学模式在形成过程中，都要经过人为的加工完善、理论设想，在不同程度上含有这样那样的主观臆想，经过教学实践的验证，在教学中反复实践、认识、反馈、修正、补充、完善是提高所建构模式信度和效度的必不可少的环节。

5.理论升华

教学模式作为一种理论，必须从感性经验层面上升到理性层面，在反复实践、基本成熟的基础上形成一个符合素质教育要求，符合体育教学规律、体育学科的特点、认知规律和心理发展规律，有一定特色的课堂教学结构模式框架，并组成文字资料。一般来说，理论、升华包括以下五个方面:（1）模式命名：一个体育教学模式的名称要能反映该模式的特点，切忌哗众取宠，没有实质性内涵;（2）建构的理论依据：这是教学模式的精髓，也是反映该教学模式合理性的一个重要标志;（3）模式的结构特点：一种新的教学模式的提出，对优化课堂教学结构要有其新颖性、独特性，否则不能认为是一种新的教学模式;（4）典型案例：这一方面是模式生成的基础，另一方面可以用以阐释教学模式，便于他人学习、推广;（5）实验总结、分析：这是对教学模式科学性、合理性、实用性的验证，也是教学模式发展、完善、不可缺少的重要环节。

六、影响和制约体育教学模式建构的因素

广大一线的体育教师在教学实践活动中，根据某种教学理论所揭示的教学规律，根据自己的理解对教学流程进行系统的设计，有意识或无意识地选择运用教学模式，探索体育教学改革的有效途径，同时在运用教学模式的实践中，总结出构建教学模式的原则。这些原则具有主观性，然而在一定意义上这些原则又是教学规律的反映，对教学模式的构建具有指导作用。但从总体上讲，教学模式的构建总是受到以下四个方面因素的影响与制约：

1. 教育观念与价值取向

教育观念与价值取向是教学的出发点，在实施某个教学时，总是在为实现某种教学观念和价值做出努力。它虽然并不构成教学模式的影响因素，但却为构建教学模式提供了指导方针。不同的哲学观点、不同的社会政治制度和意识形态、不同的传统文化背景以及教育学、心理学包括体育科学在内的不同发展水平以及不同的历史时期对体育教育的价值有不同的理解。

2. 教学理论指导

教学是教师依据教学理论，运用适当的方法、技术，引导学生主动学习，以达成教育目标的活动。目前各种教学理论门派林立，对体育教学的不同认识，渗透到教学系统的各个要素中，制约和规范着教学操作程序和方法。如教学中的发现法和讲授法，教师中心与学生中心等，反映了与不同的教学理论相联系的教学实践，表现出不同的操作程序和方法。

3. 教育心理和体育生理学的学科依据

现代认知心理学的发展，特别是近年来关于建构主义学习理论对体育教育的指导，揭示了学习过程的内在机制，为教学提供了可供借鉴的原理和方法。此外，教育心理学提供了学习者心理发展水平、学习动机、认知策略、兴趣与态度方面的研究成果。运用教育心理学原理开展教学并评价教学的结果，以及一系列认知、情感、意志力方面的研究成果广泛运用到体育教学实践活动中去，为构建教学模式提供了科学依据。

4. 教育技术与手段

现代教育技术的飞速发展，为构建新型的教学模式提供了最有力的武器。教育技术学是关于教学过程与学习资源的设计、开发、利用、管理和评价的理论实践。它提供了优化教学的一系列方法与技术手段，使过去教学中不可能办到的事情成为现实。教育技术学成果在教学中的应用正在促进教学思想、教学内容、教学组织形式、教学方法手段的一系列变革。教育技术学成果为构建教学模式提供了可供借鉴的经验与直接使用的技术手段；同样，教学模式也为了教育技术学的发展提供了实施依据，成为教育技术研究的重要内容。

七、体育教学模式的选择与构建

（一）体育教学模式的选择

目前，多种体育教学模式的存在是有其合理性的，至于不同的高校采取哪种体育教学模式，以及如何完善、改进现存的体育教学模式，要取决于教学实践中的需要，以及教师与学生在教学实践中提出的合理性、可行性意见与建议。实践才是检验真理的唯一标准。

从迎合大学生的个性方面考虑，结合国外的一些做法，“俱乐部型”“体育超市”这些新兴的模式是比较受新潮的大学生欢迎的，而且也与目前大学生的消费水平相当，是学生其消费基本能够承担和接受的。“俱乐部型”“体育超市”教学模式中往往有一些比较新兴的体育项目是受到90后追捧或喜爱的，但是，这就给准备实施或已经实施这类模式的高校带来了培训或者引进人才的问题。为了满足当代大学生的需求，必须不断增设新兴体育项目，高校必须不断进行业务培训与进修，必须不断完善体育设施以及器材，这是高校体育改革和发展的必要条件。

为了适应新的体育教学模式带来的挑战，体育教师应不断钻研业务、加强学习，提高业务水平和科研能力，更好地为体育选修课教学服务。目前，国内部分高校开设的交谊舞、啦啦舞、瑜伽、攀岩、健美、形体训练、围棋、皮划艇、定向运动、舞龙、舞狮等课程都是一些新兴项目，这些项目的学习、培训需要各方的大力支持，也是营造浓厚的大学校园文化氛围、提高精神文明建设，培养学生终身体育意识、提高体育素养的重要方面。

（二）体育教学模式的构建

1.运动技能教学特征

国内有关体育教学改革的成果表明，大学生参与体育锻炼的一个主要动机就是在当前的教育制度下，许多学生为了学分、考勤和体育成绩被动地参加体育活动和身体锻炼，还有一些学生是迫于老师、父母和好朋友的要求和期望。这类被称为制度和服从的外部动机与锻炼行为有较强的负相关关系，外部动机不利于锻炼行为。

因此，在运动技能的教学中应激发大学生的内部动机（乐趣、能力、外貌、健康和社交），削弱外部动机带来的不良影响。现代运动技能的教学不能仅仅满足于某项技术的教学，更重要的是要学生学会自己进行体育锻炼的方法，学会用理论指导实践。同时根据个人的实际情况，编制个人锻炼计划，科学地进行体育锻炼。既要“授之以鱼”，更要“授之以渔”。坚决杜绝“不考试、不达标则不锻炼，没有形成自觉、自主的锻炼行为，导致达标过后便脱离体育”的现象发生。

2.体育教学评价体系的特征

在高校体育教学评价中，人们不知不觉地运用着传统的方法对事物进行评价和判断。目前，我国普通高校采用较多的评价方法就是定量评价、终结性评价和绝对评价。

（1）定量评价主要适合对学生的体能和运动技能作出评价，但忽视了不可量化的内容，如学生的学习态度、情意表现、合作精神、健康行为等方面的内容。

（2）终结性评价是在体育教学活动结束时进行的评价，如期末的考核、考试等，目的是考查学生完成学习目标的程度，注重的是教学效果，主要是为了判定最终的学习成果，并作出成绩评定。然而，由于这种评价方法是在阶段学习或学期末结束时进行，因而失去了评价的反馈功能，对激励学生学习，提高教学效果的教学意义不大。

（3）绝对评价忽视了学生在体育方面的先天性差异，对学生的自尊心是一个不小的伤害。

在高校体育教学评价中，评价的主体具有广泛性，不仅是学校的领导、教师，学生也可以成为教学评价的主体。目前，高校体育评价的主体主要是教师，学生的自评和学生间互评还没有真正纳入评价中，这就造成了评价的片面性和评价主体的单一性。

有学者指出，随着由“应试教育”向素质教育的转轨，高校体育也应从学校的“阶段体育”向“终身体育”转变，从片面的生物学评价或运动技术评价向综合性评价转变。21 世纪的学校体育教学将朝着现代化、全面化、自主化、终身化、开放化和多元化的方向发展。高校体育在素质教育中，不仅要有效地提高学生身心素质与体育文化素养，还要发挥自己特殊的作用。这就需要构建科学合理的教学评价体系，将绝对评价和相对评价相结合，将过程评价和终结评价相结合，采用“多因素综合评价法”，把学生的学习态度、出勤、理论知识考试、技评、达标、学生的进步幅度纳入评价体系，实现理论与实践、技术与能力、态度与效果相结合。

科学的体育教学评价是实现体育教学改革和发展的保证，也是提高体育教学质量的有效手段。我们应当尽快淘汰单一的刚性评价体系，建立起合乎人性化的多元弹性评价机制。

3. 体育教师教学风格的特征

构建新型体育教学模式是当代普通高校体育教育改革的趋势，最大限度地挖掘高校体育资源，优化体育教学结构是实现高校体育教育功能的重要前提，也是体育教师生存和发展依托的平台。体育教师必须认真思考高校教育改革给体育教学所带来的冲击，也应看到它所带来的机遇。教师应转变更新教育观念，重新整合知识结构，探寻新的教学方法和手段，以适应新形势下对体育教学更高的要求。如何形成适合自己、学生喜欢的教学风格是摆在体育教师眼前的一个现实课题。

独特的个人教学风格是教师进入高层次体育教学境界的重要标志。所谓教学风格，就是在达到相同目的的前提下，教师根据各自的优势、特长，结合教学的具体情况，经常采用的一整套个性化的独特教法。教学风格不仅可以表现教师的教学思想、教学技巧等内在内容，还可以表现教师教学行为的外部特征。教学风格的形成是在长期的体育教学实践中进行艰苦的探索，是教学一般规律与个人具体教学实践相结合的产物，是教学内容与教师灵感的交融升华，是教师个人创造性思维的结晶。

作为一名体育教师，如何才能尽快形成自己独特的教学风格呢？研究学者们认为，教师除了应具备良好的政治思想、专业技能、文化素养及自身特点外，还应根据不同的教学对象、内容、条件和环境，有意识、有目的地不断探索适合自身情况的“最佳教学模式”。这就需要体育教师根据自己的知识结构、文化素养、气质类型以及治学领域的不同特点确立个人的教学风格。

第二节　高校体育教学模式的现状

一、普通高校体育教学模式的基本现状

目前，“二段型”教学模式[①]存在较多，但是“俱乐部型”与“体育超市”模式发展势头迅猛。由于受到调查样本数量的限制，笔者不能下结论比较教学模式的优劣，只能说明现存教学模式的大致比例。可以预见的是随着各种教学模式的不断检验与完善，相信可能会有一些教学模式相继退出历史舞台，也会有几种比较成熟的教学模式共存。

通过实地走访调查可以发现，无论是采取哪种教学模式，大学生对于体育锻炼普遍有着浓厚的兴趣，而且对体育锻炼也存有积极的态度，具有较高的认知水平。

有研究表明，人的各种活动无不与动机有关，而人的动机是建立在人是否有其需要的基础上。没有需要，就不会产生动机，也就不会有行动。学生的体育锻炼动机是为了通过体育运动来满足由于各种内部和外

① “二段型”教学模式：大学四年均开始体育必修课，一年级主要是基础课，二、三、四年级主要考试选项体育课。

部刺激引起的生理和心理的需要，由于人的需求是各种各样的，所以，即使是同一个人参加体育锻炼多数情况下也是由多种锻炼动机同时驱动的。因此，教学模式的改变对于大学生参与体育锻炼动机的影响只是改变了学生对满足需要的途径认识的方式而已。

教学模式的不同影响着学生对体育课的喜好程度，这表明大学生对于各学校的教学模式基本认可，但面对其中存在的问题或不适应又有自己的想法与见解。而“俱乐部”模式和“体育超市”模式恰好迎合了大学生追求个性的特点，使体育课真正形成学生需要什么，教师就教什么的模式。

笔者根据调查走访了解到，目前绝大多数学校安排两年的体育课，但是对于大学生而言，他们是怎么想的呢？根据“你认为大学四年应上几年体育课”的调查显示，认为应上 1 年的占 14.2%，认为应上 2 年的占 26.4%，认为应上 3 年的占 32.3%，认为应上 4 年的占 27.1%。数据显示回答不集中，但是我们可以发现学生还是希望体育课开的时间越长越好。

理论指导实践，为此，体育教师应该改变传统理论课教学方法，采用有效的宣传手段，了解学生的身心需求，在课堂内、外，全方位地为学生进行传授、指导。学校要经常不定期地聘请体育专家开展讲座，通过校内体育画廊、体育网站等传递最新信息、传播最新知识。

二、大学生对体育教师素质的期望

从调查情况看，我国普通高校体育教师队伍总体质量不容乐观。教师素质直接影响教学内容的选择和教学效果的好坏。教师和学生是教学过程中不可缺少的因素。教师是传授者，是在教育选择权上掌握主动的一方；而学生在选择教学内容包括教学方法上是被动的。因此，教师是教学组织的核心，教学改革的动力在教师，阻力也在教师。只有不断地提高教师的素质，变革教师陈旧的思想观念才有可能提高质量的教育水平。

调查显示，有 69.6% 的学生认为对体育课所教的内容感兴趣在很大程度上是因为教师的教法。据笔者走访了解，学生普遍对示范动作优美、讲解生动有趣的教师比较有好感，这就对高校体育教师提出了更高的要求。所以，高校应加大对教师培养的力度，提高现有教师的业务水平，不断优化教师结构。增加教师培训和进修的机会，加强其科研工作能力，努力提高教师的业务能力及其教学水平；同时不断调整与优化师资结构，不断提高体育教学质量。

三、大学生对体育教学评价的看法

教学评价在高校体育教学中占有重要地位。现代教育评价的一个基本原则就是对评价对象进行整体的、全方位的、动态的评价，而不仅仅是对某一方面或只对结果的评价。而在教学实践现实中，我国大多数高校受传统教学思维模式的影响严重，只注重学生在校期间的运动技术掌握和达标完成情况，而忽视了对学生终身从事体育锻炼的习惯和能力的培养。

从调查中发现，部分普通高校的教学评价仍然过分注重学生的运动成绩，而忽略了对学生品格和人文素质的培养。这些都不利于激发学生的体育学习兴趣和运动习惯的养成，不利于学生培养创新精神和实践能力。对此学生是如何看待的呢？据调查统计，有 83.4% 的学生对于这种教学评价表示不满，他们希望建立一个合理的、科学的、多元化的评价体系。考评内容不应是课堂教学内容的简单重复，其命题应按照“遵循教学大纲，但不拘泥于教学大纲”的原则，要注重考核学生应用所学知识进行综合分析，解决问题的能力。

第三节 高校体育教学模式的发展

一、体育教学模式的创新原理

创新是在人与环境的相互作用中呈现出的一种社会“新陈代谢”现象，是以价值创造为目的的复杂实践活动。创新是以一定的资源（自然资源和社会资源）为基础，通过对客观世界（自然界、人类社会和思维）的“序”的发现和创造，探求开发新的资源以及对现有资源进行重新整合或更高效能地使用的可能性，并将其在社会系统中加以实现。创新作为推动人类发展的最为重要的活动方式，直到近代，才日益成为理论家研究的对象。哲学家、社会学家、经济学家、历史学家、管理学家等，从各自学科特有的视角分析了创新的本质，并高度揭示了创新的价值。

体育教学模式中常见的重要形态体系中不会拒绝任何形式“模式”的加入，因为体育教学模式的改革还在深入，体育教学模式的进化还要继续向前发展。

从体育教学模式的概念来看，要成为体育教学模式，应具备四个重要的因素：有明确的体育教学思想、单元教学计划、体育教学模式的操作程序与相配套的体育教学方法。只要具备了以上四个条件，则可成为体育教学模式。按常理，任何一种事物的形成与发展必然有一个起步、成长与发展过程；同样，一个新的体育教学模式的诞生和发展也经历了这样一个曲折的过程。不能说体育教学目标不可以发展成教学模式，只要它在体育教学实践发展过程中具备了明确的体育教学思想、项目单元教学计划，有一套具体的操作模式和相应的教学方法体系，那它就可以从体育教学目标的范畴进入体育教学模式的领域；同理，只有体育教学方法、体育教学组织形式等任何其他形式具备体育教学模式应具有的四个条件和体育教学模式的基本创新原理，皆可成为体育教学模式。

因此，在综合以上分析的基础上，有以下几个体育教学新型模式的创新原则。

（一）必须具备体育教学模式的四个基本条件

有明确的体育教学思想、单元教学计划、体育教学模式的操作程序与相配套的体育教学方法。

（二）在理论体系上要相当成熟

除了以上四个基本条件，体育教学模式的创新还要具备其他一些理论条件。例如，新的体育教学模式应有明确的理论依据；在提出新的模式之前已经以其他的形式，如教学法、教学手段、组织形式等，运用与实践过一段时间；新模式应有一定的评价标准；新模式在本质上应摆脱原有的形式而具备体育教学模式的特性。

（三）应遵循体育教学模式的分类规律

体育教学模式有一定的分类原则，这个原则确定了体育教学模式的种类，每一种体育教学模式都代表了一种教学思想与理念。在创新体育教学模式时就应该确定新的教学模式是否与体育教学模式体系中有重复与交叉的现象。如果有重复与交叉的现象就应该放弃所谓新的教学模式，而不要制造新的混乱。因为在目前的各种体育教学模式中，普遍存在着“所谓的同类模式”种类繁多的现象，此现象很容易造成模式间的相互重复，对于体育教师选用教学模式来说也造成了更大的困难。

（四）在体育教学中应有相当的实践基础，并收到了较明显的效果

结合体育教学实践的历史，常见的体育教学模式已有一定的诞生与发展历史，在具体的教学实践中也已经相对成熟了。因此，新提出的体育教学模式也必须在实践中运用了较长时间并有较大的成效，才能上升为一种新的教学模式，并正式列入体育教学模式的体系中供广大体育教师推广与使用。

二、高校体育教学模式的发展建议

（一）创造条件增设新项目

根据本校学生的生理和心理特点，淘汰一些纯竞技性的、学生不喜欢的教学项目，设置学生需要且时尚富有活力的、为年轻学生所喜爱的运动项目。开设的项目应以实用、新颖、有挑战性的项目为主，可大胆开设击剑、街舞、啦啦舞、瑜伽、攀岩、轮滑、防身术、皮划艇、射击、棒垒球、棋类等运动项目。

（二）创新教学组织形式

随着我国市场经济的不断完善，将人们长期在计划经济体制下形成的体育消费观念引向在市场经济体制下健康投资的体育消费观念，已势在必行。大学生即将进入各自的工作岗位，有偿性双向选择式体育选修课的形式是培养学生体育消费意识的一个有效途径。因此，在坚持学校体育教育总目标不变的前提下，可以大胆探索、尝试采用有偿性双向选择式的教学组织形式来进行体育选修课教学。

（三）调整课程结构

体育运动作为一项技能，也要重视体育健身理论的教学，应把终身体育观念融入健身理论之中。大学体育课程可采取必选和自选相结合、理论和实践相结合等多种形式，构建具有学校特色的，丰富、合理的学科课程结构，而不只是限于运动项目上的多样化。

（四）改善管理体制

任选上课学期，采用学分制，学生可在本科 4 年 8 个学期中的任何一个学期选课，修一学期体育课，得 1 学分，修满为止；任选上课时间，学生可选周一至周五任何一天中的任何一节体育课；任选体育教师，同一个运动项目同时有几名教师教学，学生可以选择自己喜欢的教师。

（五）更新教师理念

教师在体育教学过程中要始终把握“以人为本，健康第一”的教学理念，遵循“以学生为主体”的指导思想。体育教师应不断钻研、学习，提高自身业务水平，以期更好地为体育教学服务。

（六）重视发挥体育社团的作用

高校体育社团可以有力地弥补学校传统体育工作的弊端，它倡导学生自主能力和灵活性的结合，更有利于学生整体素质的培养，也可以使学生在体育社团活动中树立终身体育的思想。我们应树立现代高校体育教学模式及观念，对高校体育社团的成长与发展给予有力的支持，加强体育社团的管理和指导，加大对体育社团经费的投入，使体育社团的功能得到充分的发挥。

第四章　体育教学的新思维与新方法

第一节　高校体育教学方法的改革创新

随着现代体育教学理论的不断发展和体育教学改革的不断深化，一些传统的体育教学理论、教学思想、教学模式、教学方法面临着冲击。在应试教育向素质教育转变的过程中，要提高体育教学质量，迫切需要解决的一个现实问题，就是要研究和改进体育教学方法。

一、体育教学方法的概念

（一）教学方法的概念

在西方，方法（method）一词源于希腊文，是“沿着”（meta）和“道路”（hodos）的合成，本义是沿着某一道路或按照某种途径，后来指达到某目标或做事的程序或过程，表示研究和认识的途径、理论或学说。中文“方法”一词，最早出现在春秋战国时期，思想家墨子的《墨子·天志》中，指的是度量方形之法，后转意为知行的办法、门路、程序等，再后来，含义逐步扩大和演化成做事的手段和方法。专家对体育教学方法的时下概念说法不一：定义之一是体育教学任务或目标的方式、途径、手段的总称；定义之二是在体育教学过程中，为了有效完成教学采用的一系列手段和方法；定义之三是指在体育教学过程中完成教学任务所采用的教学途径和手段；定义之四是有体育教师主导的传习运动技术的完整程序；等等。

（二）教学方法的内涵

对于教学方法的内涵，大家众说纷纭，莫衷一是，大致可概括为三类：第一类，教学方法是教师向学生传授知识的策略。第二类，教学方法是为达到既定的教学目标，根据教学原则，将教育内容内化为学生的知识、技能及品性而运用的方式和手段。包括教师教的方法和学生学的方法。第三类，教学方法是教师与学生之间的活动，强调互动的特征。达成的共识有：教学方法要服务于教学目的和教学任务；体现教师的教和学生的学之间的密切联系；是教学中师生双方行为动作的总和体系，具有多方面的功能。

体育教学方法内涵的推导虽然不是那么严谨，但足以反映出体育教学方法的本质和特征。对体育教学方法内涵的理解，一方面以一线体育教师的调查为依据（反映实用性和教师渴望达到的效果）；另一方面以理论层面的逻辑推理及体育教学方法的本质特征为依据，把体育教学方法的定义为“体育教学方法是师生为实现体育教学目标、完成体育教学任务，采用一系列教学策略、组织方式、具体手段的教学活动措施”。其中，有突出“以教为主”的体育教学方法，也有突出“以学为主”的体育教学方法。

（三）传统体育教学方法与现代体育教学方法

传统体育教学方法是在应试教育的理论与实践中生长形成的一些固定模式，其片面强调了身体锻炼，而忽视了对学生能力的全面培养和教育，不能以大多数学生为主要教学目标，这与时代赋予的历史任务是不相符的。

传统体育教学方法在应试教育的教学过程中发挥了重要作用，但教学对象是随着时代的发展而不断地变化进步的。由于传统教学方法受条条框框的限制，使课堂形式单调、枯燥、乏味，限制了学生的学习主动性和创造性，影响了学生个性的发展。每位教师在多年教学实践中，都可能在不自觉中形成一种符合自己特征的教学方式。这些虽然在一定程度上能使教学顺利进行，但却束缚了教师的思维方式，使自己陷入习惯定式之中，容易影响体育教学的改革和创新，也限制了学生的思维和想象力。受传统习惯的影响，体育教师在上课时一般采用“四个部分”的结构模式：开始部分、准备部分、基本部分和结束部分。这种结构由于对课的几个部分限制得过死，从形式和内容上过分突出了基本部分的作用，而忽视了其他部分的教育和培养作用。

现代体育教学方法的理论基础是生理学、心理学和社会学，其方法大致有一般教学方法（简称教学方法）、运动训练方法、游戏方法和心理训练方法。由于教学内容和教学性质的不同，在一般的教学方法基础上，形成了体育教学相对独立的方法体系。具体地说，可按不同层次分为三类：技术教学方法、组织教学方法和教学组织方法。

二、现代体育教学方法的改革趋势

（一）教学方法选择的综合化

现代体育教学方法在选用上以素质教育为目标，打破了单一的教学模式，开始注重多种方法的穿插安排、配合使用，以期达到最优化的教学效果。众所周知，体育教学是一个非常复杂的过程，教学内容也非常丰富，所要完成的任务和达到的目标又是多方面的。单一的教学模式和教学方法已不能适应现代体育教学发展的要求，必须有多种多样的教学方法与之相适应。教学方法选择的综合化必将成为现代体育教学发展的一大趋势，教师应根据课的类型、教材内容、组织形式、学生的实际情况和有机体的活动变化规律，合理地安排课堂结构，并在实际操作中灵活地运进行用，既要完成一节课所要完成的各项任务，也要在内容之间巧妙转换，体现体育教学的连贯性，不断发展和突破，以提高教学质量。

（二）教学方法运用的个体化

现代体育教学方法更加趋向于个别运用、因材施教，更加注意发展学生潜能，以求达到人人进步的境界。众所周知，学生的体育基础、体质与健康状况、体育兴趣、运动经验、学习能力、社会适应性等方面都各不相同，这些因素都在不同程度上直接或间接地对教学效果产生影响，这是体育教学方法改革所面临的一个重要课题。现代体育教学方法改革的个体化趋势主要表现在两个方面：一是个体化活动已成为许多教学方法的重要组成部分，如协同教学法、暗示教学法、合作教学法、发现法等，都将个体活动作为教学过程的重要环节，注重个性适应和学生的参与。二是现代教学手段的发展为教学方法提供了一个新的空间，师生间相互作用的条件趋于多元化，使每个学生在知识、能力、兴趣、特长和个性品质方面都得到相应的发展成为可能。

（三）教师教学方法观念的现代化

体育教师观念、意识的现代化水平，即敬业精神、文化素质、创新意识等，这些综合素质在教师具体的施教过程中得以外化和展现，实际上也决定着教师自身的智力、知识和想象力发挥的有效性。在体育教学中，教材、教师与学生之间的关系并不是一种直接的线性因果关系，也不是单向的决定与被决定关系，而是一种以“心理”结构为中介的双向交流的间接关系，其间教师与学生尤为突出的是对教学方法的解释与接受。简言之，体育教学最主要的是培养学生体育锻炼能力。然而，存在于学生体育锻炼过程中的一个实质性问题是，体育教师的教学方法长期囿于陈旧的规范之中，教学方法上沿袭成规老套，不善于探索或给自己提出研究的问题。

改革目前的体育教学已成为体育教学现代化进程中无法回避的时代性问题，每一次新的教学方法的运用，都是教师智力、知识和想象力资源的一种自我丰富和自我突破。教学方法的差异性、丰富性、变动性、创造性，则更多地体现教师在进取精神、科学创新意识等方面丰富自己、突破自己、克服困难而实现自我的强烈愿望。

现代体育教学是向着多元化的方向发展的。在日本，传统的教学方法已经逐步被发展学生自主能力和兴趣为主的新方法所代替。在德国、美国等教育较先进的国家，体育教学也都在向多元化发展。素质教育要求体育教学成为一种多边互动行为，体育教学越来越重视德、智、体、美、劳等各种目标的协同达成，“情境式教学”“能动式教学”等各种教学方法为体育教育开拓了新的天地。随着新思想的不断涌现，传统的教学方法也将随着时间的推移不断地革新和发展。

教学方法改革的指导思想是素质教育，在强调面向全体学生的同时，也强调发展学生的能力、个性，因而必须改革传统的教学方法。应在实践中充分利用体育教育自身的优势，变限制条件为有利条件；正视自己，解放思想，拓宽思路，大胆突破；既尊重传统，也不为传统所拘束；既学习内外先进的教学方法，又要结合实际，以期不断提高体育教学质量。

三、体育教学方法创新的视角

（一）从教学要素整体着眼，合理编排体育教学方法

教师应怎样根据并运用课程教材来使学生学习，从而达成教学的目的？这就必须依靠一系列方法。所以方法是教学活动的一个重要因素。它包括教师在课内和课外所使用的各种教学方法、教学艺术、教学手段和各种教学组织形式。不管它们是具体的、显而易见的，还是潜移默化的。体育教学方法受制于课程内容，并通过学生达到教学目的或教学效果。连接方法两端的主体是教师和学生。教学效果的评价主要是通过学生反映的，而方法只有作用于学生后才能产生效果。

影响教学效果的因素除了教师的传授水平、方法的执行情况，还有学生的内化、吸收、创新。也就说，教学方法两端的主体是决定方法实施效果的核心，二者的配合协调更是产生良好效果的关键。教学方法的编排连接着教师和学生，教师的教学素质、水平、教学艺术、创新意识等都会影响教学方法的选择和运用，更能影响教学方法的改编和创新；同样，学生的身体素质基础、训练接受水平、技能掌握规律更能影响教学方法的实施效果。所以，教师不但要提高自身的教学水平，也要了解和掌握学生的接受水平和内化程度，两者通力合作才能作到“教学相长”，共同完成教学方法的创新、教学效果的提高。

（二）从实际情况入手，扩展、改进体育教学方法

体育教学方法形式各异，要想利用好体育教学方法必须从实际的教学条件考虑。场地的充裕程度、器材的配备、实施体育课的条件等都是

选用体育教学方法必须要考虑的因素。由于城乡地域、经济条件等的差异，不可能所有学校的设备都一样，也不可能都能达到体育教学所需。在条件不允许的情况下，体育教学方法需要扩展和改进，使之更适合体育教学。

当然，体育教学方法的扩展和改进只是手段，真正的目的是更好地适合体育课的需要，切实提高学生的健康体质，培养创新意识和锻炼创新能力。扩展体育教学方法就是扩大某种教学方法的功能和应用范围，主要体现在教学的组织形式方面。如教学分组，以前都是按人数进行分组，但随着教学改革的深入，越来越多的体育教师认识到教学组织形式多种多样，于是出现了扩展，按兴趣分组、按伙伴朋友关系分组、按基础和水平分组、按性格分组等。改进体育教学方法是教师在运用原有方法的基础上，经过总结，进而改进不足或导出新的教学方法。改进法在教学实践中经常用，如对组织形式的加工、对教学手段或工具的改良等。

（三）从教学效果出发，优选、组合体育教学方法

体育课是按照完整的教学程序进行授课的，教学过程具有完整性和独立性。体育教学方法在整个教学过程中只是其中的一个要素而已，但它也是完成教学目标、实现教学任务最直接的途径和方式。体育教学效果取决于各个要素的通力协作，突出的是过程与结果的关联。从教学效果考虑，合理选择、优化组合体育教学方法，利用系统论的理念，将“教”与“学”看成“动态系统”，将“目标—方法—效果”融于教学环境之中。这就要求体育教学方法在实施过程中应该“瞻前顾后”，既考虑教学目标、任务的完成，又考虑所起到的效果，强调学习的内在过程，创造好的教学环境，充分调动学生的主观能动性。

教师应注重方法的组合和联合使用，追求方法的“合力”效果和功效，尤其是在教学方法设计时更要全盘考虑，拓宽视野，把握全局，真正做到教学方法的“一体化”。

（四）从学生未来发展考虑，统整、筛选体育教学方法

体育课对学生未来发展的作用至关重要，很多学生的性格、价值观、人格都是在学生阶段形成的。体育是个特殊的学科，再加上运动项目繁

多，致使对学生的影响很大，不但影响学生身体和心理的健康，而且影响到学生人生观、价值观的形成。

体育教学方法形式多样（有单个的，也有组合的；有为解决短期目标的，也有为长期发展考虑的），就其促进学生未来发展的角度考虑，对体育教学方法进行统整、筛选，尤其要对一些多种手段组合的教学法（如探究性教学法、合作性教学法、自主学习法等）进行统整和筛选，一方面，这些教学法对学生未来发展极为重要，要加强运用；另一方面，这些教学法的使用不能太随意，也不能过度。教学方法是实现目标的途径，当然目标可能是单一的，但途径是多种多样的，多种多样的途径中总有一种是最省力、最直接的，这就是统整、筛选的作用。没有体育教师的精心筛选，实现目标就会走弯路，教学效率就低。

四、体育教学方法的历史反思与创新启示

（一）历史反思

体育是外来学科。中国近代的体育教学自 1903 年以来，已有 100 多年的历史。体育教学是伴随着学校教育的发展而不断发展的。体育教学方法也随着学科的发展而不断发展，从训练方法和师徒式的传教方法发展成有自己特色的方法体系，既含有一般教育学的方法，又含有体育这个特殊学科的专门方法。中国的学校教育从 19 世纪中叶开始，从洋人创办的教会学校开始，教学形式打破了以前的私塾教学，开始实施“分离教学法”和班级授课制，主要形式是传授式。

20 世纪初，政府颁布了一些法规政策，如 1903 年颁布的《奏定学堂章程》、1912 年颁布的《壬子学制》等，这些政策的颁布使得学校的教学活动得以延续和发展，也给体育教学带来了新的机遇和制度保障。当时的教学引进了很多西方的教学方法，如设计教学法、启发式教学法等，这些新方法与传统方法结合在一起。改革开放后，先进教育理念的影响、多学科知识的渗入，使新的体育教学方法不断涌现，如发现法、探究法、情景法、小群体法等，给体育教学带来了无限的活力。

体育教学方法的不断发展和完善，充实着体育的课堂内容，实现着体育教学目标，完成着体育教学任务。它的历史发展也给我们留下了深

刻的反思：第一，体育教学方法是随着学校教育的开展而不断发展的；第二，体育教学方法的土洋杂糅现象明显，既显示了本土的传授功能，又凸显了西方的人文特性；第三，体育教学方法受教育学、心理学、生理学等学科理念的影响越来越大，移植的方法也越来越多。

1.体育教学方法与其他教学要素协调配合的思考

体育教学的效果取决于体育教学诸多要素构成的合力，不可能仅靠教学方法单因素的改革就能达到提高教学效果的目的。连接教学方法两端的是教师和学生，实施教学方法条件的是媒介，这些都是影响教学效果的重要因素。教学方法主要受制于课程。它是把课程的内容化为学生的知识、能力、思想、感情，从而达成教学目的的。

在教学方法的进程中，它必然也要受到教学环境客观条件的制约。方法是由教师来掌握的。因此，教师的教学能力水平、创新思维观念、创新意识和能力都决定了教学方法的创新，也决定了方法的实施效果。体育教学需要多个因素的协调配合才能达到理想的效果。教学活动最基本的7个要素之间相互联系、相互制约。作为其中一个要素的体育教学方法连接着体育教师和学生，又受制于课程，这么核心的一个要素必须与其他要素相互配合、相互协调方可实现教学目标、完成教学任务，从而切实提高体育教学质量。主张每个教师都努力提高自己的教学修养，掌握多种多样的教学方法、手段和技巧，形成高超的教学艺术和教育机制，能因人、因时、因地制宜，灵活运用。在思想方法上关上形而上学的门，打开唯物辩证法的门，不断开拓、不断创新。

2.体育教学方法在实施过程中的困惑

体育教学方法的实施主体是教师和学生。体育教师由于文化知识、教学艺术修养、知识面等相对薄弱，加上总结、反思教学方法的习惯没有养成，导致对有效改进体育教学方法的研究不够深入，出现了“教学方法有反思却少改进”“指导学生合作、探究有形式却少实质”“与学生互动有温度却少深度”等现象。这些往往不仅仅是教学方法的问题，而是教育观念的问题，绝非一朝一夕就能改变的。

学生由于长期受传统教育思想的影响，认为体育课就是放松身心、缓解学习文化课过度疲劳的压力而开设的附属课，可有可无，学好学坏对未来影响不大。再加上体育课本身枯燥乏味，“过度练习”又会影响决定命运的文化课学习，导致学生对待体育课很不重视，不积极主动参加体育活动。因此，体育教学方法在实施过程中主要有以下困惑：①在体育教学过程中，教学方法的应用和实施渗透着教育观念、思维形式，这些非智力因素的提高需要时间和过程，而现实教学条件（课时多、训练累、设备不够、学生差异大等）制约着体育教师很难转变思想、更新观念，导致体育教学方法的改革有形式而无实质。②体育教学方法多数是借鉴教育学、心理学、训练学等学科的方法，每种方法的应用都是有条件的。如何才能在体育课中发挥应有功效需要更深层次的研究。一些体育教师在实施教学方法的过程中陷入了误区，如把“合作学习法”实施成“自由学习法”，把“鼓励、激励教学法”实施成“绝对表扬法”等。③体育教学方法影响因素很多，有些在短期内难以实现改变，并且不是仅靠师生就能改变的了，如应试的考试制度、办学条件等。有些问题需师生经过长期艰苦的努力才能克服和解决，如教育理念的转变、教学技能的提高等。④如何把教育理念具体化到方法和行动中，如变重认知到重情感，变重技能传授到重能力培养，变重结果到重过程，变重教师的教到重学生的学，变重教法到重学法，变重继承到重创造等，需要长期不懈地努力。

（二）体育教学方法发展与创新带来的启示及展望

体育教学方法肩负着实现教学目标、完成教学任务的使命，它的发展与创新时刻伴随着其他教学要素的变化，也必然影响着教学效果。体育教学方法的发展和创新给体育教学带来了无限的生机和活力，虽然当今实施的体育教学方法存有很多问题，但它的不断完善势必会促进体育教学的改革。

随着体育教学形式的多样化，体育教学方法呈现出现代化、心理学化、个性化的发展趋势。

1. 体育教学方法现代化

体育教学方法现代化是随着现代教学技术的发展而呈现的。多媒体、高清录像、网络、形象化的挂图、器材的科技化等都是完善教学方法的手段和工具。这些手段和工具不但丰富了体育教学形式，而且对技术动作学习起到很大的辅助作用。

2. 体育教学方法心理学化

体育学习过程就是心理过程，知识技能的提高更是个高度复杂的心理过程。对技术动作的分析不仅仅停留在学习或训练方面，更多是从心理变化入手。如在体育课的开始部分，创设生动活泼的情境激发学生的兴趣和积极性；在基本部分关注学生练习动作的表现，及时分析学生心理；在结束部分选放一些舒缓、柔和的音乐，实施念动放松等形式。

3. 体育教学方法个性化

教学是师生共同完成的，学生是主体，起到内因作用。要想取得好的教学效果，发挥学生的积极性，实施因材施教是必不可少的。现代体育教学体现了区别对待，尊重学生，进行民主教学。以讲解、示范、纠错为主的教学方法也变成了以探究、自主、小群体为主的形式。体育教学方法的改革也应树立全新的教育理念，更加关注学生的主体性、全体性、社会性、创新性等。

（1）关注学生的主体性、全体性。

培养学生的学习主动性、能动性和创造性成为教学普遍追求的一种趋势，体育教学也不例外。体育思想实现了由“体育手段论”向“运动目的论”的转变，教学方法设计的重点由“教法”向“学法”的转变，教学方式由“教授”向“指导”的转变等。接受全体性教育是每个学生的“权利”，不让每一个学生“掉队”是教师应有的责任。体育教学方法的设计和应用越来越重视对不同水平学生的区别对待，让每个学生都能体验到成功的喜悦和乐趣，确保全体学生都能得到提高和发展。

（2）关注学生的社会性。

体育教学是培养学生合作、竞争、正义、奉献等社会美德的有效途径。体育教学方法的创设恰恰能给学生提供这样的条件和机会，如合作性学习、群体讨论法、辅导帮助法、榜样激励法等，这样不但能培养学生的团队精神、集体意识，而且能起到乐于助人、规范行为、友善交往的作用。

（3）关注学生的创新性。

培养学生的创新性成为教育的神圣使命。体育教学同样要善于挖掘学生的创新潜质，培养创新意识和创造力，如技术动作创新、规则创新、组织形式创新、学习方式创新等。体育教师要允许学生走“探索的弯路”，多激发学生的求知欲、好奇心、创新思维，多给予学生友善的鼓励和指导，多给学生提供创新的机会和环境。

五、高校体育教学的创新探索

（一）体育教师的创新意识

体育教学是以教师为主导，以学生为主体的教学活动。教师的创新意识起主导作用。教师是教学中获取创新成功的第一要素。教师应在传统教学经验的基础上，转变教学观念，学习新事物，研究新问题；经验广的教师应在学习经验多的教师的基础上，运用新思想、新知识，研究新事物与新问题。所有教师都要把备课、上课、辅导、考核、课外活动、教学总结诸方面结合起来，以上课为主地指导、引导学生发现新事物、新问题，研究探索创新，培养学生的创新思维与创新能力。

体育学科是在教学理论指导下的实践性学科，体育教师的创新意识要面向全体学生，尊重学生个性，鼓励学生在学习实践中去“发现”，去“超越”，注重实践中的探索创新，从实践中体现解决问题的能力。

体育教师的创新意识还要体现在为学生创设教学环境，创造各种实践的机会，创造多方面解决问题的机会上。

体育教师要充分挖掘教材内容本身所蕴藏的创新性。对教材内容方面的创新既包括对基础理论、基本技能、基本技术的深化创新，又包括对心理学、物理力学等相关学科知识内容的创新。根据体育教学是在理论指导下的实践性学科的特征，教师要重视动作技术再现形成发展亲身体验实践的过程，重视发现探索研究的过程。例如，教授初中三年级100米短跑，教材内容知识创新如下：①总结初中一、二年级教材内容知识；② 100米跑的各技术环节的重点与难点；③速度与步幅、步频的关系，个人速度慢的主要原因；④快速反应的能力素质；⑤相关科学知识：物理力学支撑反作用力，人体位移力的主要来源；⑥后蹬对跑进的影响；⑦后蹬与腿部力量关系；⑧蹬地摆臂技术的配合；⑨各种专项力量；⑩对抗赛：测验与比赛等多项内容。

（二）体育教学模式的创新

体育教学要强化学生主体参与，构建以学生“自己选择、自主练习、自我评价”的模式。“三自”教学模式是在体育教学原则和教学方法的基础上，教师分析教材并进行再创新的过程。“三自”是三个相对独立而又相互交叉、相互制约、相互促进的动态教学过程，是系统学习动作技术的过程，是认知规律的过程。

体育教学素质教育的模式，以教学为主导，以学生为主体，通过主要教材教学创新多种模式，强化主体参与意识。

（三）体育教学方法的创新

方法是研究认识问题的途径。体育教学应在教师的指导下，以学生为主，指导学生参与知识形成，探索研究知识创新学习过程。师生应运用创新的体育教学方法来完成这一学习过程，教学程序为感知（观察）—理解探索（思维）—巩固（记忆）—运用创新（实践）。让学生在感知中观察事物，在理解中探索研究加工事物，在巩固中记忆掌握事物，在运用实践中达到知识创新。体育教学方法的创新如下：

（1）观察法：是指在教师引导下，学生观察教师与学生所做的动作技术，观察教学变化的方法。

（2）设疑答疑法：是指教师在教学中对学生设疑提问，学生回答教师提出的疑问，教师概括补充答疑的方法。

（3）研讨法：是指在教师的引导下，学生自由分组，自己研究讨论教学中的问题。

（4）实验法：是指在教师引导下，学生对所学动作技术技能实际验证，在实验中得出结论，获得知识的方法。

（5）相互帮助法：是指在教师引导下，学生学习动作技术技能时相互帮助，学习相长的方法。

（6）激励法：是指在教学时，教师运用适当的语言激励、表扬，培养激发学生学习兴趣，培养竞争意识的方法。

（7）发现法：是指在教师引导下，学生探索研究拓展思路，发现新问题新事物，教师酌情给予肯定的方法。

（8）超越法：是指在教师引导下，学生学习超越别的学生、超越自己，超越教师提出的要求，教师酌情给予鼓励的方法。

（9）评价法：是指在教学时，教师对学生平时与测验考核动作技术技能时给予评定以及在教师指导下学生相互评定的方法。

（10）创造法：是指在教师指导下，学生在平时学习积累的基础上创造性地学习，去发现创造新的知识技术，再将发现创造的技术收敛起来，确立为正确的知识技术的方法。

总之，教师要树立强烈的创新观念意识，从教材内容、教学模式、教学方法方面都要创新。同时，在现代教育思想指导下，根据学生的认知规律，充分发挥学生的主体参与作用，积极引导学生参与教学过程，在学习掌握体育基础理论、基本技术、基本技能的同时，培养学生的创新意识。

六、体育教育创新中的中华传统文化的融入

（一）体育教育与中华传统文化的关系

1.体育教育是融聚中华优秀传统文化的重要平台

体育教育是通过身体活动和其他一些辅助性手段对学生进行有目的、有计划、有组织的教育过程，其基本层次是体育教育性和体育教学性，最高层次则是在建设符合学生身心发展和社会道德标准体育教育体系的基础上实现中华传统文化的根植与传承。但是，信息时代的发展使得形形色色的文化扑面而来，对中华传统文化产生了巨大的冲击。因此，体育教育除了对学生进行体育技能的传授并按照身体哲学的思维方式来解读不同时期体育教育的身体价值，更应该肩负起传承中华优秀传统文化的使命。坚持文化引领是当代体育教育的根本，以文化统领体育教育的建设是新时代的发展方向。

体育教育是教书育人、培养体育优秀人才的重要途径。其既担负着向学生传授体育知识技能的任务，也肩负着帮助学生树立正确的人生观、世界观和价值观的使命。将中华优秀传统文化根植于体育教育过程中，既可以得到社会各界的认可与关注，又会使学生对传统文化有更深刻的理解和认识。因此，将中华优秀传统文化融入体育教育不仅能使学生成

为传统文化的实践者，而且可以通过体育教育的扩张力和社会影响力，使社会大众进一步接触中华优秀传统文化，这对中华优秀传统文化的传承具有重要意义。在体育教育中，优秀传统文化融入的最基础形式就是优秀传统体育文化。

在中国传统体育形式中，武艺的主体是由古代流传下来的集技击、表演和健身于一体的传统体育项目。在其源远流长的发展过程中，武艺类项目摄各种器械之精髓，集拳术与器械演练技击之大成，形成了较为系统的技击体系和众多的门派。在武艺类形式中，根植传统文化沃土、蕴含中国传统哲理奥妙的中华传统武术是其主体内容。通过对中国传统体育活动不同项目的特点和表现形式以及价值功能的整体分析，亦将具有武技特点和功能的各种练力、角力以及弓射等形式归入武艺类之中。在历史的发展过程中，武艺类传统体育形式不但对中华民族，而且对亚洲及世界各国都产生了巨大的影响。在几千年的发展过程中，作为中华传统体育中最具生命力的体育活动形式，武艺以其自身的功能不断地拓宽着自己的领域。除了在军事和健身等方面日益发挥其作用外，也不断成为体育教育中优选的主要内容。优秀传统文化融入体育教育，反映了体育教育作为文化教育的一部分，与传统文化密不可分。当代，随着国家和各级教育部门对传统文化传承与发展的重视，体育教育领域也日益成为传播、发展和融汇中华优秀传统文化的阵地。而对于优秀传统文化融入体育教育来说，其途径与方法尤为重要。作为学校重要教育形式的体育教育，随着教育整体改革的不断深化，优秀传统文化的浸入环境已经得到了显著的提高。从历史发展的经验来看，无论什么时期，无论小学、高中还是大学，体育教育总会伴随着传统文化的融入而发展。尤其在大力弘扬和传承优秀传统文化的今天，在强调素质教育的当代，体育教育的培育已经离不开优秀传统文化的融入，这是历史的必然，更是体育教育未来发展所需要的。

2. 中华传统文化与体育教育有着潜在深层次联系

中华传统文化是一个国家和民族在长期的历史发展过程中，积累、凝练而成的物质、制度和精神的一类形态与意识。它一经形成便以心理积淀和社会传承方式贮存于人类社会的不同构体和人的意识中，并逐渐形成一种稳定的心理价值取向，且时时左右着社会的发展和人的思想与行为。就当代体育教育而言，对学生进行的教育，已经不是纯粹的体育技能教育，因为我们每个人都处在当代文化发展的链条之中，而这一链条既在传统之外，又在传统之中。这种与传统有着割不断理还乱的情愫，将伴随着体育教育的发展。因为随着教育观念的更新，融有传统文化情愫的教育观念或教育理念，已经深深植根于体育教育体系中。特别是近几年来，党和政府对优秀传统文化传承的大力提倡，使得中华传统文化对体育教育产生了潜在的、深层次的影响。而这种潜藏在体育教育体系背后传统文化的影响力，是我们当代体育教育运行过程中所不容忽视的。

3. 中华传统文化影响体育教育运行模式的更新

中华传统文化强大的历史惯性，将一以贯之地影响着体育教育运行模式的更新。人类文化有着自己发生和存在的时间与空间范畴，作为人类文化精髓的优秀传统文化，更有着自己相对的独立性、稳定性和超历史性。就体育教育来说，其发展变化，尤其是运行模式，除了和其所处时代的社会经济、政治之间有着较直接、明确的联系外，优秀传统文化的影响更不容忽视。一般来讲，传统文化中的价值取向、思维方式、行为模式以及情感态度等，往往潜藏于传统文化事实背后，具有十分稳定和强大的历史惯性，因而更易于根深蒂固地影响着体育教育模式的运行。

4. 体育教育融入中华传统文化体现了尊师重道

尊师重道是培育传统文化的前提，是中华民族的传统美德。人们常说的“一日为师，终身为父”，就是对尊师重道最好的诠释。在中华优秀传统文化融入体育教育的过程中，尊师重道理念获得了更加完整的体现。在这一过程中，作为尊师重道的主体，老师和学生都有各自之“道”。教师为人师表，是学生、国民学习的模范，作为体育教师，语言、肢体动作更要体现出为人之典范，因为这不仅涉及体育文化内涵和运动技术的传授问题，更会影响到学生的一生，甚至影响社会不同的群体；相对于教师，在体育教学中，学生尊师同样是尊师重道理念互动关系的重要一环。学生在学习中要与教师做到教学相长，相互提高；师生相辅相成，共同进步。尤其是体育教学是要靠丰富的动作技能和肢体语言的，在这一点上，教学相长理念在学生当中的贯彻就更显得尤为重要。总之，尊师重道与体育教学有着不可分割的内在联系，这既是中国传统文化的精髓，更是中华优秀传统体育文化的重要特征之一。

5. 挖掘和继承中华传统文化的优秀内涵是体育教育在改革中前行的基础

中国的体育教育，从根本上讲也是中华传统文化的重要组成部分。从体育教育的发展历程分析，它在每一个时期都会受到中华传统文化潜移默化的影响。随着体育教育的不断发展和完善，融入其中的优秀传统文化的深刻内涵不断得到挖掘，其所蕴含的博大精深的民族文化情愫、民族文化特色乃至民族文化独特技艺，无不对中国体育教育产生重大影响。所以，要使我国的体育教育适应社会的发展，要使我国体育教育的未来永葆青春和动力，必须光大中华优秀传统文化的内涵并将其融入体育教育的改革之中，以便更充分地发挥中华传统文化在体育教育发展中的积极作用。

体育教育作为中华优秀传统文化传承的一个重要平台，其主体还是在于体育教育的运行模式，在于体育教育运行的主体——教师和学生。通过优秀传统文化的传承和普及而进行的体育教育，将会在当代世界体育文化的大舞台上展示中国优秀传统文化的独特魅力。

（二）高校体育教学与中华传统文化教育的有机结合

1. 高校体育教学与中华传统文化教育有机结合的价值

从社会科学角度来看，文化是一种复杂且抽象的概念，可理解为社会成员约定成俗的习惯、尝试、习俗等。文化无高低贵贱之分。因不同地区经济发展及教育水平不同，文化也不尽相同。体育活动是文化的载体之一，如果脱离体育形成的文化背景，单纯地向学生传授体育知识则会导致体育教学缺乏育人功能。高校体育教学与中华传统文化教育有机结合的价值包括以下几方面：

（1）增强学生对我国传统文化的自信。

文化自信不仅仅是认同我国优秀的传统文化，而是客观对比中西方传统文化的优劣，正确认识我国传统文化的价值，能够有意识地保护与传承中华优秀传统文化，使文化成为我国的软实力，成为民族精神的凝聚。

（2）丰富高校体育教学资源。

将高校体育教学与传统文化教育有机结合有助于高校体育吸纳传统文化的精髓与内涵，在传承传统的基础上适当借鉴西方体育的教学经验，形成跨文化、跨学科、综合性、国际化的体育教学模式。这样不仅能促进学生的全面发展，还能促使教师自主提高教学能力，以满足学生发展及社会用人需求。

（3）培养学生的创新及创造能力。

高校体育教学与中华传统文化教育的有机结合是对传统体育教学的变革，将中华传统文化元素融入体育教学中不仅能拓宽学生的视野，还能培养学生跨文化交际的能力，使学生在认可我国文化的基础上有针对地学习西方文化。同时，在高校体育教学中融入书法、舞蹈等传统文化能避免体育课堂教学僵化，从而培养学生整合、融合思维；而篆刻、昆曲等传统文化反映了特定历史时期人们的生活方式与生活观念，是历史的综合体现，具有极强的包容性及艺术内涵，其以独特的形式讲述着不同时期人们对历史文化、人文习俗、道德、哲学、艺术的感悟，积累了先人的智慧与经验。在高校体育教学中融入这些文化，不仅对体育专业学生大有裨益，还能提高艺术设计等专业学生的创新及创造能力。

（4）提高学生的身体素养。

当前大学生由于不良的作息、饮食习惯及缺乏运动时间，普遍身体素质较差。此外，大学生面临着巨大的就业压力，存在一定的心理疾病隐患。大学体育课程的本质是通过开展体育教学活动，增强学生的身体素质。在传统文化的支撑下，以社会需求为导向，大学体育课程设置有了更多层次的目标：①基于体育素养的学生职业能力培养；②个性化培养；③加强学生心理建设；④增强学生身体素质。学生的身体素质是培养的基础与前提，心理建设是有力支撑，个性化培养与职业能力培养是最终目标。大学体育课程设置是教学的根本，合理、科学地进行课程设置，才能够保证教学的有效性。将中华传统文化教育融入高校体育教学中创设具有中国特色、蕴含民族精神的体育教学模式，能转变学生对体育学习的态度，激发对体育学习的兴趣，使其自觉、主动地参与到体育活动及锻炼中，这对于塑造学生的健全人格，帮助学生处理不良情绪具有重要价值。

2. 高校体育教学与中华传统文化教育有机结合的方式

（1）高校体育教学与传统体育文化的有机结合。

①健身气功融入高校体育教学的方式。健身气功融合了我国传统的

体育文化以及现代科学，是传统文化的继承与创新。首先，健身气功传承了我国传统医学中“治未病”的健康思想，倡导以预防疾病为主，治疗疾病为辅，具有深厚的文化、历史、哲学底蕴。通过适当的健身气功运动，不仅能够使学生修身养性，还能够促进学生精神健康。同时，健身气功强调呼吸、动作、心境的内外合一，在健身气功的习练中，学生能够通过调整呼吸、减缓动作，调适心理，疏导不良的情绪，保证身心协调发展。其次，健身气功习练时所穿的服装包含许多的中国民族元素，随着身体的舒展，衣袂飘飘，习练者可以尽情感受健身气功的魅力。健身气功作为一种艺术形式，其动作、思想等都有着深远的寓意，能够给学生带来美的享受。随着健身气功与现代文化的融合，其功法及动作更加简洁，适于习练。最后，健身气功的习练贵在坚持，学生每天坚持习练健身气功能够改善作息时间，也能增强规律意识。同时，健身气功中的拉伸动作能够促进人体血液的循环，提高人体的柔韧性与灵活性，还能够达到保持体重、塑造体形的效果。有规律地进行健身气功习练，能够提高学生的身体素质，具有极高的强身健体价值。

基于健身气功的价值与作用，高校体育需要积极探索与健身气功的契合点。其一，构建健身气功信息化平台，从健身气功的文化内涵出发，追根溯源，以历史为依托提高学生对于健身气功的认可程度。同时，在平台上专门设置“理论研究”板块，收集国内外关于气功理论及实践研究的文献，使学生能够正确认识健身气功。此外，在平台上发布健身气功相关的活动信息，并及时更新，使学生能够看到健身气功的蓬勃发展。其二，要全面了解学生对健身气功习练的需求，请专业人员对学生进行指导。同时，开展丰富多样的活动，如健身气功表演、健身气功竞赛等，提高学生参与活动的积极性。其三，可以将健身气功与学生的课间操相融合，增强学生对于健身气功及我国优秀传统文化的自信程度。

②民间游戏融入高校体育教学的方式。为了培养学生终身锻炼的习惯，技术与技能的教学不可缺少。但是，体育课如果过度重视技术传习，忽视教学活动的生动性，无疑会使教学过程显得枯燥乏味，不利于学生心智成熟和全面成长。民间体育游戏活动的活泼性、多变性能充分调动学生学习的兴趣，促进学习动机的形成。民间体育游戏种类繁多，部分民间体育游戏相互之间差异巨大，这就要求组织形式必须灵活多变。民

间体育游戏对丰富体育教学形式大有裨益，有利于形成良好课堂氛围，是实现学生玩中学、学中玩的良好途径。

（2）高校体育与中华传统文化的“跨界”融合。

高校体育与传统文化的“跨界”融合是指将非体育文化元素与体育教学有机结合。以书法为例，书法教育与体育在实施途径上有明显的区别，书法教育通过眼、脑、手并用来提高各体书法鉴赏及创作能力；而体育重在实践，通过模仿标准模范进行实际操作，才能够达到强身健体的目标。但从个体发展看，如果没有良好的身体素质，就不能很好地参与学习活动。体育能够促进个体大脑及感觉器官的良好发展，这也是实施书法教育的物质前提，提高个体的身体素质能够促进其审美心理的健康发展。为此，高校体育教师可以创设“扎马步书法”体育锻炼项目，将书法教育的育“心”与体育的育“身”相互渗透，共同促进个体个性、全面发展。又如，教师可借助元宵节等传统节日，将鱼灯舞的“元宝镇阵”“梅花阵”采茶舞中的细碎脚步节奏加入健美操的动作中，让学生尊重不同民族的文化，感受各民族用不同形式庆祝节日的凝聚力，继而产生强烈的民族意识。

七、“课程思政”视域下高校体育课程与思政教育融合

在当前教育主管部门大力倡导“课程思政”的背景下，高校体育课程与思政教育实现有机融合，有利于调动体育课程中的思想政治教育元素，实现体育课程育人目标，也有利于构建高校大思政工作体系，从而形成思想政治教育合力，增强大学生思政教育的针对性和实效性。

（一）“课程思政”视域下体育课程与思政教育融合的必要性

体育是中国特色社会主义教育的重要组成部分，体育课是我国大、中、小学校针对所有学生开设的公共必修基础课程。高校体育课程不仅能够传授大学生强身健体的技能和知识，更是促进学生身心和谐发展、培养学生意志品质和人文精神的重要渠道。把“课程思政”理念渗透于体育课教学，实现高校体育课程与思政教育的有机融合，就是要使学生在参与体育课教学活动过程中不仅能获得健康的体魄，还能感受体育活动中的竞技、合作、奉献、爱国等精神，从而健全其人格，使其成长为

德智体美劳全面发展的社会主义建设者和接班人。

1. 贯彻落实全国高校思政工作会议精神的需要

大学体育课是高校促进大学生身心和谐发展，寓思想品德教育、文化科学教育、生活与体育技能教育于身体活动并有机结合的教育过程，是高校落实立德树人根本任务、实施素质教育和培养全面发展的人才的重要途径。高校各门课程都具有育人功能，所有任课教师都有育人责任。高校的各类课程都要发挥课程的思政教育作用，在育人问题上与思想政治理论课同向同行，形成协同效应。基于这样的理念，加强高校体育课程的“课程思政”建设，推进体育课程与思政教育融合，必须深刻认识体育课教学在提升学校思想政治工作质量和水平中发挥的积极作用。一直以来，高校体育课程对学生的运动技能、运动参与、身体健康等目标比较重视，但对学生思想教育和心理健康方面的关注不足。作为一项深化教育改革、全面推进素质教育的重要探索，高校体育课程的“课程思政”建设是当前贯彻落实全国高校思政工作会议和全国教育大会精神的需要。

2. 新时代我国高等教育人才培养的需要

办好体育课是高校贯彻党的教育方针，培养德智体美劳全面发展的社会主义建设者和接班人的需要。把“课程思政”理念融入各类课程，其目的是要改变过去高等教育中众多课程教学只注重知识和技能的传授，而忽视其育德和育人的功能和使命的问题。为了教育引导学生提升综合能力，在增强综合素质上下功夫，也是为了帮助学生通过体育教学更好地健全人格、锻炼意志。高校体育课程要与高校的思政教育实现有机融合，这既是现实发展的需要，也是我国高等教育人才培养的必然趋势。

3. 新时代我国高校体育教学改革的需要

体育教学是学校体育工作的中心环节，体育课是学校课程体系的重要组成部分。传统的体育教学注重提高学生的身体素质和运动技能，体育教师通常重活动轻理论，重技术轻文化，重技能轻意识，认为思政教育是思政教师和辅导员的事情，既没有意识到体育课所富含的思政元素，也没有认识到体育教师所担负的高校立德树人的使命和责任。体育教学不仅要教授学生强身健体的知识和方法，更要在促进学生身心健康发展、培养学生意志品质方面下功夫。新时代我国高校体育教学改革要以实施素质教育和培养德智体美劳全面发展的人才为目标，践行体育课程与思政教育的融合发展。

（二）“课程思政”视域下体育课程与思政教育融合的可行性

2017 年，教育部发布的《高校思想政治工作质量提升工程实施纲要》明确指出要“大力推动以‘课程思政’为目标的课堂教学改革，优化课程设置，修订专业教材，完善教学设计，加强教学管理，梳理各门专业课程所蕴含的思想政治教育元素和所承载的思想政治教育功能，融入课堂教学各环节，实现思想政治教育与知识体系教育的有机统一”。体育课作为高校必修的公共课程，蕴含着独特而丰富的思想政治教育元素，具有较强的思想政治教育功能。高校体育课程与思政教育的出发点和落脚点都是促进人的全面发展。以“课程思政”理念统领体育教学改革，深化体育课程育人目标，对于实现体育课程与思政教育融合具有重要的意义。

1. 体育课程蕴含丰富的思政教育资源

众所周知，体育教学和体育竞赛活动蕴含着人文情怀、进取精神、团队意识和健康向上的文化追求，对于高校思政教育来说，这是独特的隐性资源。例如，体育追求更快、更高、更强的精神，体育教学鼓励学生学会挑战自我，追求卓越，锻造自强不息的人格品质；体育教学活动和体育竞赛都需要按照一定的规则行事，这样有助于培养学生自律、自制的习惯和按规则行事的规矩意识；体育比赛还需要正确处理好各种关系，如参与者与他人形成合作或竞争的关系，这样可以培养学生的集体主义、团结合作等意识。此外，体育文化中倡导身心和谐发展、健康养成的理念，胜不骄、败不馁的生活态度，以及乐观向上、积极健康的生活方式等，这对于培养学生形成正确的世界观、人生观和价值观都具有很好的导向作用。立德树人是高校所有课程和任课教师的首要责任，推进高校体育课程思政建设，需要充分发挥体育教师的主导作用，不断挖掘体育课程和体育教学过程中的思政元素，强化体育课程的育人作用。

2. 体育课程具有与思政教育同向育人的优势

体育课程蕴含丰富的思政教育资源，日常体育教学和体育竞赛活动形式多样，贴近学生日常生活实际，深受学生的喜爱。所以，相较其他课程而言，体育课程具有与思政教育同向育人的优势。体育课程教学目标一般包括运动技能、运动参与、身体健康、心理健康和社会适应。其中运动技能、运动参与和身体健康是基于学生的身体基本素质训练和运动知识与技能掌握程度；而心理健康和社会适应则是对学生的心理素质、社会意识、社会关系提出的目标要求。体育课程教学不能只强调身体训练、体育知识与技能，从育人的目标角度来说，心理健康和社会适应目标对于学生、社会和国家发展更加重要。

（三）“课程思政”视域下高校体育课程与思政教育融合的策略

推进高校体育课程思政建设，实现体育课程与思政教育的有机融合，不能仅仅停留在理论层面，要真正打破学校日常管理和学科体系间的藩篱，在科学管理和教学实践中不断加以改进和创新。

1.在“大思政”工作格局下科学设计体育课程

近年来，高校在落实立德树人根本任务、推进大学生思想政治教育工作过程中形成了加强“大思政”工作格局建设的共识。“大思政”工作格局的主要内容是高校基于育人目标的实现，在系统理论的指导下实现大学生思想政治教育“全员、全过程、全方位”的“三全”育人格局。“课程思政”理念提出以后，为了实现学校“三全”育人格局，很多高校正在构建全员全课程的课程思政体系，把思政教育落细、落小、落实到每一课程、每一堂课。从“大思政”角度对体育课程进行科学设计，首先，要摒除体育教学只负责让学生掌握运动技能和知识的狭隘认识，针对学生的思想特点、身心特征，重新有计划、有目的、有针对性地设计教学目标、教学内容、教学方法以及评价标准，强化“课程思政”理念，落实体育课程育人目标。其次，深挖体育课程蕴含的思政教育元素，从加强思想政治教育的角度出发，设计和运用好体育课程活动资源。除了课堂教学之外，要对校内外体育竞赛、早操、课外活动等项目活动内容进行合理选择和应用，把不同的思政教育资源融入体育教学和管理之中。最后，要发挥体育课程作为课程思政建设中隐性思政教育的作用，以“润物无声”形式滋养学生的心灵，涵育其道德品行，把培育和践行社会主义核心价值观融入教育教学全过程，让体育课程成为高校落实立德树人根本任务的重要载体。

2.提升体育教师政治素养，增强课程育人意识

教师是人类灵魂的工程师，承担着神圣使命。传道者自己首先要明道、信道。高校体育教师不仅承担着体育教学的基本任务，也要成为先进思想文化的传播者、共产党执政的坚定支持者和学生健康成长的指导者和引路人。广大体育教师是推进高校体育课程思政建设的主导者，因此必须不断提升体育教师政治素养。要让体育教师感受到为党和国家培养新时代社会主义建设者和接班人的荣誉感和使命感，提高自己的政治站位和主动为党为国培养有用人才的自信自觉。学校要对包括体育教师在内的课程思政建设团队进行系统的培训与指导，加强对教师思想理论和政治素质的要求，不断地提升各类课程授课教师的政治素养。此外，要实现体育课程与思政教育的有机融合，还必须不断地增强体育教师课程育人意识。在“课程思政”理念提出之前，体育教师对于体育课程的育人功能认识不到位，课程育人意识不强。在体育课程思政建设背景下，体育教师不仅要关注学生对体育运动项目和动作技术的学习、掌握，同时还要从思政教育的角度出发，在提升学生身心健康发展方面对自己的课程作出有价值的分析和评价，并通过日常系统的教学和竞赛活动实现体育课程的育人目标。

3.加强学校“课程思政”建设部门间的协同与创新

高校课程思政建设属于一项既系统又全面、既庞大又复杂的工作。虽然体育课程具有与思政教育同向育人的优势，但要真正实现体育课程与思政教育的有机融合，学校应注重“课程思政”改革经验的总结与凝练，推动高校“课程思政”建设部门间的协同与创新，形成课程思政建设的长效机制。从体育课程的思政建设来说，首先，需要大力宣扬“课程思政”的成效，引导教师积极参与、积极实践，推进思政教育在体育教学和管理活动中的全覆盖，让更多的教师参与“课程思政”的教学改革，走上“课程思政”的大舞台，推动学校体育工作迈上新台阶；其次，体育教学各部门需加强协同与创新，形成部门间的协同效应，充分发挥各方工作的育人功能，挖掘育人要素，完善育人机制，强化实施保障，共同营造协同创新的育人环境；最后，体育“课程思政”建设的根本是在体育教学中实现立德树人的育人理念，要深入发掘体育课程和体育教学活动中蕴含的思政教育元素，立足体育课程的教育目标和文化脉络，

作好顶层设计，统筹规划，建立体育“课程思政”建设常态化的运行机制、管理机制与评价机制，不断推动体育与思政教育的深度融合，实现全员、全过程、全方位的育人目标。

第二节　高校体育教学中的德育教育

体育教学是实施德育教育的一个重要途径，它具有一定的特殊性。体育教学从一定意义上讲，也是对学生施行德育的过程。对于培养学生的爱国主义精神、集体主义精神，加强学生的组织纪律性，锻炼学生的意志品质，使学生形成良好的道德行为，有其他专业教学所没有的优势。体育被看作民族精神的橱窗。体育活动在很大程度上也是一种情感活动，它可以激发学生的爱国热情，增强民族自尊心、自信心和自豪感。

体育活动虽然主要是学生个体的活动，但在很大程度上是通过集体的组织形式去实现的，在体育教学中个体与集体是统一的，它的特点之一就是不能离开集体活动的制约。因此，可以充分利用体育课集体活动多的特点，使个体融于集体之中，强化集体观念和热爱集体的情感，奠定爱国主义的教育基础。一般而言，学生最容易从竞赛中感受集体主义的气氛，不知不觉地把情感寄托于自己所在的集体，从而增强集体和国家荣誉感。一场有中国运动员参加的国际比赛，更是紧紧牵动亿万国人的心。当中国运动员站在国际领奖台上，在雄壮的国歌声中，看着五星红旗冉冉升起时，作为炎黄子孙的骄傲之情便会油然而生。对青年学生来说，这无疑增强了他们的民族自信心和自豪感，是一堂生动的爱国主义教育课。

在体育教学中，爱国主义教育的内容是广泛的。教师可以通过典型人物或典型事例进行爱国主义教育。如在足球的教学中，教师应让学生了解中国足球的发展历程是多么步履维艰，道路是多么漫长，中国足球腾飞需要他们的热心支持。再如，在排球课的教学中，教师应向学生讲述中国女排如何取得“五连冠”，如何团结协作、顽强拼搏、为国争光，从而激发学生的爱国热情，增强其爱国意识。其他类型的课也是如此，只有抓住有利时机在课堂上向学生进行德育教育，才是体育这一独具特色的活动课所具有的特点。所以，体育教师应结合这一特点，不断地向学生进行爱国主义教育。久而久之，学生对我们的国家会产生一种稳定、持久、朴素、真挚而深厚的热爱之情。

体育教学活动在很大程度上是通过受教育者身体操练的方式进行的，这正是体育在思想教育方面的独特功效。通过体育的具体活动方式，产生一种潜移默化的效果，进而影响受教育者的世界观、价值观、审美观和行为方式。例如，球类和田径接力跑等集体配合项目，就需要参与者具备责任感、集体感和荣誉感。教师如果在组织这些活动课时，有意识地协助学生形成良好的团结协作的集体荣誉感，利用集体荣誉对学生进行感化教育，用集体的舆论引导学生营造良好的学习氛围，自觉维护集体荣誉和利益，就会使学生养成对各种不良行为进行批判和抵制的品德。体育项目多给人们以美的感受，如竞技健美操、花样滑冰、体育舞蹈、跳水、武术等，对陶冶学生的情操、培养学生的审美能力有着良好的效果。在体育教学中，对长期缺乏毅力、缺乏进取精神的学生，教师可以引导其通过体操的跳马、田径的跨栏等具有一定难度的教学内容，培养其勇敢、进取精神；也可以通过中长跑的教学，培养其吃苦耐劳、克服困难的品德和顽强奋斗的毅力。另外，体育教学还可以针对一些学生纪律散漫的缺点，通过体操队列练习等加强其组织纪律性。总之，体育教学中的德育教育具有生动活泼的特点，它的形式不是生硬、空泛、抽象的，而是有具体的行动，使学生在活动中不知不觉地形成良好的思想品德。

一、高校体育学科渗透德育的现状

（一）高校体育学科德育管理机构的设置情况

学生接受德育教育的途径主要是通过学科教师在传授知识时进行的，道德教育是教师教育的主要途径。为加强学生的德育教育，学校专门建立的学科德育管理机构，可以在增进学生文化知识、技能的同时，提高学生的德育水平。每个高校都应建立德育教育的相关职能机构和部门，承担加强学生德育教育的责任；每门课程中也应穿插德育教育的相关内容，作到教书育人相统一；体育课程也不例外，往往体育课中的德育教育能起到更为重要的作用。由此可知，高校中是否建立了学校体育学科德育管理机构，对学校中的德育教育起着重要作用。

（二）高校体育教师的德育理念

体育教学的特点是实践性，教学过程中的德育效果比其他学科更好。体育教学过程中学生之间的互动性较强，学生进行体育活动，在体育活动中体验快乐和成就感。教学中体育教师可以通过调控体育活动对学生进行德育教育，从而提高学生实践中的德育素质。体育教学的功能不仅仅是使学生通过运动锻炼达到强身健体的目的，而是在运动锻炼的同时使学生的精神生活得到极大的满足，通过体育课程的安排使学生在参与的过程中达到娱悦身心、培养健全人格的德育效果。这就要求体育教师在进行体育教学时，根据所教授的内容合理地选择教学方法和时机对学生进行德育教育。

（三）高校体育教学渗透德育的内容

教师在体育教学中可以向学生传授不同的道德思想品质，比如社会主义核心价值观教育、中国传统文化教育、理想信念教育、中国传统礼仪教育、诚实守信教育等，是蕴含在体育教学的过程之中。并在体育教学的过程之中全方位地加以渗透，同学习体育技能融合在一起。

调查结果表明，经常注重体育教学环节中的德育培养，有机渗透拼搏竞争精神、自觉遵守规则意识、团队精神、责任感及意志品质的体育教师占 87.5%；有时这样做的体育教师则占 12.5%。由此可以说明，大多数的体育教师在体育课中能够利用不同的体育内容培养学生的竞争精神、规则意识、团队精神、责任感及意志品质。但也有为数不多的体育教师没有很好地利用教学中的资源进行德育教育培养。体育课在培养学生的竞争精神、规则意识、团队精神、责任感及意志品质方面有重要的意义。

（四）高校体育教学渗透德育的方法

在大学体育课中体育教师对学生进行德育教育，应该利用大学体育课中的内容和不同的教学手段与方法，这样才能更好地提高学生的素质。

通过问卷数据分析表明，80% 的大学体育教师在平时的体育课和生活中注意自己的穿衣打扮、说话的文明程度；20% 的大学教师有时会注意自己的穿着和文明用语。这说明大部分大学体育教师注意自己的穿衣打扮和文明、礼貌用语给学生做出模范作用。62.5% 的体育教师能够在上篮、足、耐力跑道德课中培养学生团结、吃苦耐劳的品质；37.5% 的大学体育教师有时能够在上篮、排、足、耐力跑道德课中培养学生团结、吃苦耐劳的品质。这说明大多体育教师还是能够利用体育课内容来提高学生的道德文化水平的。62.5% 的体育教师在体育课中经常向学生讲解体育名人的事迹来打动学生，培养他们坚持不懈的意志品质，37.5% 的大学体育教师在体育课中有时向学生讲解体育名人的事迹来打动学生，培养他们坚持不懈的意志品质；90% 的体育教师经常利用体育竞赛来让学生懂得生活中要遵守规则，10% 体育教师有时会利用体育竞赛来让学生懂得生活中要遵守规则。

（五）高校体育进行德育教育的评价

体育教师在体育课上怎样进行德育教育，怎样来评价学生在体育课上的道德品质，如何评价学生的体育考试成绩中是否有德育的分数，是否能够反映学生在体育课中的道德思想表现；体育教师的教学成绩中是否有培养学生德育水平的内容等问题，都关系到大学体育教学进行德育教育的成败。

大部分体育教师在思想上愿意在体育课中提高学生的道德素质，也能够采取实际行动在体育课中对学生进行德育教育，而不是体现在形式上，但仍有部分教师没有体会到体育的实践特性对于培养学生德育的重要性。体育课中体育教师与学生之间、学生与学生之间互动性较强，教师在体育课中教育学生，不仅促进了学生道德知识的增长，也提高了学生的道德实践水平。

随着高校对体育教师教学学历要求的不断提高，体育教师的文化知识水平都已经达到大学教师的标准。而高校在师德方面也不能松懈，只有教师的道德水平提高了，才能有资格教育学生的德育。所以，高校不能只培养学生的德育，也得经常对大学体育教师进行德育培训，以提高教师的师德。

二、高校体育教学渗透德育的策略分析

在当前的教育大背景下，国家一直提倡素质教育，提倡社会主义核心价值观的教育。但仍有许多体育教师还是没有转变观念，加上学校对教师教学成绩进行评价的时候，只评价教师的教学和训练成绩，不评价教师对学生德育成绩，导致体育教师根本不在乎学生的德育教育。

体育教师应当认真研究体育教材中涵盖的德育方面的内容，在体育教学过程中予以渗透，比如，要在体育课中灌输吃苦耐劳的精神教育，让学生在体育活动的过程中产生获得感，在取得进步时产生成就感；要在学生练习或比赛中培养学生的团结协作意识、团队精神和集体荣誉感；要在体育课上灌输互帮互助教育，在体育课难度较大的技能学习和掌握的过程中让学生养成不怕困难、迎难而上的精神；要对学生进行责任担当教育，当出现问题时要勇于并敢于承担责任；还要在体育课中对学生灌输感恩教育，当得到别人帮助时要心存感恩，并转化为自觉帮助别人的优秀品质。体育教材中有很多关于德育教育的内容，体育教师上课时大多时候是不带教材的，因此，有的教师找不准什么时候对学生进行德育教育。除此之外，还有一些现象不利于德育教育的实施。例如，体育课中有的教师让学生提前去搬球，自己等着上课，也从来不问球有没有破的和气不足的，这本身就是教师做事不够认真，不负责任的表现，会给学生留下松散懈怠的印象；还有教师上课时把球给学生，夏天自己找个阴凉地坐着看着学生活动；学生进行耐力跑时，有的学生跑不下来时，教师只会批评，有时甚至连看也不看，也不会教给学生再坚持一下就会胜利的道理。以上现象有损体育教师自身的形象，使教师在对学生进行教育时失去威信，所以要想育人首先律己。

抓好体育课程教学过程中学生日常管理工作，始终把做好学生德育工作放在学生管理的首要位置。如经常召开班主任工作交流会、学生干部座谈会，深入教室，学生宿舍，了解学生中存在的困难和问题，作到及时解决，为更好地服务学生提供第一手资料。

（一）提高体育教师的德育水平

高校应该多举行一些师德培训教育，提高体育教师的道德水平，使

每位体育教师能够在平时和课堂中提高自己的教师形象，如使用文明用语、衣着大方得体，给学生做出模范作用。高校中应该严格遵守师德评价制度，将师德评价纳入体育教师的评价中。

1. 丰富体育教师的德育教育手段和方法

大学体育教师要根据大学生的身心发展特点把一般的体育教学方法和德育方法结合起来；应该认真钻研教材，科学地依据体育内容合理地对学生进行各方面的德育教育。例如，在球类课程的分组比赛中，若发生比赛失败导致彼此埋怨的情况时，体育教师应该向学生讲解国家队或明星球队的故事，以此启发他们要想获得胜利必须相信队友，队友之间只有团结协作，才能获得最终的胜利。又如，在耐力跑课程中，若发生有的学生偷懒不愿跑，有的学生怕吃苦，累了就停下来的情况时，体育教师应鼓励学生坚持下去，培养他们努力独立完成任务的能力，培养他们吃苦耐劳、永不放弃的精神。

2. 提高体育教师在教学中适度进行德育渗透的能力

体育教师在教学中一定要掌握适度原则，正确把握好分寸，否则会适得其反。做任何事都是这样，都要讲究一个度。在体育教学中渗透德育首先要根据体育教学的内容及时恰当地进行德育渗透，但要把握好度，否则过犹不及。体育教学的主要内容是教授体育基本知识和基本技能，锻炼身体，提高身体素质。所以在对学生进行德育教育时不能本着多多益善的心态，选取的内容不能过于随便，一定要具有一定的代表性，要注意区分体育学科德育渗透和政治课，不能让学生感觉是在对他们进行单纯的说教，让学生感觉到厌烦。其次不要在教学中轻描淡写地一带而过，应详细地对学生进行德育教育。

大学体育教学中的道德教育方法应当把一般的体育教学方法和德育方法结合起来，并根据大学生的身心发展特点来进行，具体有以下五种：

（1）游戏比赛法。

体育游戏自身的特点决定其既能丰富活跃大学生的体育活动，也能使教师在教学活动中更好地进行德育渗透。在体育游戏进行的过程中，学生必须按照游戏规则进行活动，这样可以培养学生的自制力。在进行游戏比赛时，教师要适时培养学生互相尊敬、互相体谅、互相友爱的优良品质，使学生体验到只有融入集体中才能更好地发挥自己的能力。如在组织队列教学，采用“扣分游戏比赛法”，规定以组为单位，游戏过程中如果有学生做错动作就按规定进行扣分，扣分少的组名次列前，如此，既可以增强学生的集体荣誉感和团队意识，也可以活跃课堂气氛。

（2）竞赛评比法。

竞赛评比法可以运用到大学体育教学过程中，教师可以有目的地安排教学任务，适当运用竞赛评比法激发学生的运动兴趣，培养学生敢于拼搏、乐于挑战的竞争意识。例如，在百米起跑练习中，可以通过分组比赛的方法，引导学生集中注意力，更好、更准确地抓住起跑时机。因为仅在“预备—跑”！这短暂的时间里，稍微放松一点就预示着比赛结果的输赢。竞赛评比法要有目的地设置体育活动内容，让学生体会到个人与集体的辩证关系，个人的表现能影响到集体的荣誉，而集体的荣誉可以提高学生的集体凝聚力。

（3）名人效应法。

大学体育教师可以给学生讲一些名人的故事，以培养学生的思想道德素质，如邓亚萍的故事。邓亚萍小的时候，由于个子矮小和臂短腿粗，体校没有要她。但是她没有放弃体育，而是跟着自己的父亲学习乒乓球。邓亚萍每天完成父亲布置的任务之后，还要练好长时间，腿上还绑上沙袋，乒乓球拍也换成了铁球拍。通过日复一日的训练，邓亚萍在十岁就获得了全国少年冠军。进国家队之后邓亚萍还是坚持每天绑沙袋，每天坚持十几小时，身上有伤也坚持训练。这种坚持不懈的精神造就了一个乒乓球明星，也为祖国赢得了许多荣誉。

（4）暗示同化法。

在体育课上遇到学生不经意的犯错时，教师不要上来就直接批评，可以用一个眼神或者拍拍学生的肩膀让他知道教师注意到他了，让他停止犯错，这样往往比直接严厉地制止更能起到好的效果。但对于一些反复强调过的、明令禁止的行为必须毫不留情地严格要求，不能客气。如在上体育课时，体育教师必须要求学生穿运动服、运动鞋，坚决禁止学生上体育课时穿着随意，出现女生穿裙子、男生穿拖鞋的现象，要求学生的同时，教师首先应严格要求自己，做到身正师范。

（5）巧抓时机法。

因体育教学场地的特殊性，一般在操场上进行上课的时间较多，情况也复杂教师不可能按照预定的方案进行德育渗透，这就要求教师在上课的过程中随时注意观察学生的行为表现和言谈举止，在恰当的时候用身边实时发生的情景有针对性地对学生进行德育渗透，这样做比单纯说教效果更好。

（二）健全学生的品德评价体系

体育教学中道德教育评价涉及的主体不仅包括体育教师对学生的评价，还包括学生的自我评价和学生之间的评价。可见，学生既是参与者，也是评价者。通过道德教育评价，不仅可以提高体育教师对学生德育渗透的影响，而且可以促进学生良好道德品格的养成。

学生的个体差异表现在体能、素质、性格、习惯、个人爱好各方面，这就要求教师要根据学生的个体差异，运用不同的语言和差异性的评价方法，对学生进行德育渗透，使每个学生在学习的过程中都能体会到成功的喜悦。当然，良好道德品质的形成不是一蹴而就的，需要教师在课堂中不断地渗透和强化，增强教育评价的多元化和科学性。

高校体育的根本性是它本身具有的实践性，在体育教学中，师生共同参与活动，使学生在体育活动中得到精神的升华；通过体育活动中学生之间的交互性，提高学生的社会适应性，使学生在丰富多彩的运动中体验到快乐，体验到体育带来的成就感。所以，应使体育教学成为生活德育的阵地，把学生培养成一个德、智、体、美、劳全面发展的人。

第三节 体育教学的现代化

随着我国教育改革的不断深入，终身教育观念得到了广泛的认同，素质教育思想已逐步渗透到教育的各个层面，高等教育正在经历着一场前所未有的变革。作为高等教育重要组成部分的高校体育，也同样面临着挑战。高校体育工作者都在思考、探索，在今天的时代背景下，高校体育具有怎样的特征？高校体育教学如何跟上现代化的步伐，这也正是此处所要讨论的问题。

一、我国高校体育的时代特征

随着人们对体育教育思想、体育教育的功能、体育教育的价值取向等学校体育基本问题的重新审视，高校体育正在进行着理性的调整，一个比较合理的学校体育体系正在逐步建立。综合各方面的情况来看，它至少表现出了如下特征：

（1）健身性。

这是体育的本质特征，也是体育区别于德育、智育、美育和其他学科的显著标志。

（2）基础性。

对于学生而言，学校体育既要立足于现在，更要放眼于未来，特别是要为学生适应社会创造适合身心素质发展的条件，奠定终身体育发展的基础。

（3）主体性。

学校体育的主体是学生，学校体育的一切活动都应围绕着促进主体的发展来进行。学校体育要注重学生需要的满足和个性的发展，强调学生主观能动性的发挥。

（4）娱乐性。

寓教于乐是提高学生兴趣、增强体育魅力的重要因素。让学生充分领略体育的乐趣已成为学校体育的重要方面。现代体育教学中健身、健美、娱乐内容显著增多，轮滑、网球等时尚项目均得到发展，竞技项目从内容到形式都有所调整。

（5）人文性。

以人为本，注重知识、技能的人本价值，发掘体育活动过程中的人文内涵，通过体育活动培养学生怎么做人，怎么克服困难，实现自我超越，已成为现代体育教育的思想主旨。

（6）灵活性。

学校客观条件不一致，学生能力有高低，体育基础有差异，这是个客观存在。尊重学生人格，承认个体差异，选择适合学生个性发展的教学内容和方法，运用更加灵活客观的效果评价体系被越来越多的人所重视。

（7）多元性。

学校体育正逐渐出现学生体育需求与社会需要相结合、学校体育与社会体育相结合、增强体质与提高健康水平相结合、学习体育技术技能与掌握保健知识相结合、身体锻炼的隐性效应与显性效应相结合、课内与课外相结合的多元立体结构。

二、体育教学现代化的基本趋势

体育教学的现代化是指体育教学思想、体育教学内容、体育教学手段与方法、体育教学的效果评价等都要适应时代的要求，符合现代学校体育的发展方向，满足社会的体育需求，促进社会的进步。

（一）确立正确的体育教育思想

体育教学思想，简言之，就是在体育教学实践中，对体育教学现象及其规律的看法。随着人们对学校体育研究的不断深入，对体育教学思想的认识也有了长足的进步。以终身体育为指导的思想观念得到了确立，体育教学要以促进人的全面发展为目的，强调体育教学的教育功能、侧重指导学生树立正确的体育价值观、养成经常锻炼的习惯、形成终身锻炼的能力、建立健康的生活方式已成为共识。体育教学已开始脱离单纯的传技和健身模式，教育方式也强制性向自主学习转变，科学的体育教育思想正在逐步完善。

（二）遴选切合实际的教学内容

教学内容是实现体育教学目标的重要因素，一个好的教学内容体系本身就蕴含着科学的世界观和方法论。符合现代学校体育发展要求的教学内容体系应具备以下特点。

1. 竞技运动内容现代化

学校体育教学曾一度陷入以运动技术为中心的误区。学校体育的成效以运动会的成绩为测量标准，体育教学以运动技术为基本素材，一些内容从小学、中学，甚至到高校都在反复地教。由于主客观不一致，结果是教师没有教学兴致，学生感到厌烦，最后导致学生的运动技术没学会，体质没增强，健康水平也没提高，对体育越来越不感兴趣。当然，这种情况出现的根源并不是把竞技运动作为教学内容，也不是教学目的偏差导致了教学目标的改变。把竞技运动作为教学内容，本身无可厚非，关键是要明确教学的目标不在于追求完美的动作技术，而在于把它们作为媒介和载体来达到增强体质和提高健康水平的目的。因此，它们的教学定位就是锻炼手段和方法。而作为锻炼手段和方法，就要力求做到因人而异，并且要做到运用起来简练、方便、富有情趣。这就必须根据不同的对象对运动进行简化处理，包括简化动作技术的结构，降低完成动作的技术要求，调整有关的游戏规则等，使之能比较方便地利用这些项目的锻炼价值和方法来达到体育的课程目标，实现竞技运动内容教材化。

2. 整体构成科学化

整体构成科学化的含义就是整个内容体系完整，具有广泛的适应性和互补性，能面向全体学生，有效地促进他们实现教学目标。整体构成科学化首先是内容的多样化，除了过去的传统教材以外，一些民族的、乡土的、休闲娱乐的内容等都开始进入课堂，从而使教学内容更加丰富多彩，适应性增强；其次是休闲娱乐化，那些与休闲娱乐密切相关的活动，如健身、健美、羽毛球、网球、轮滑等学生追求的时尚运动方式成为教材内容，学生具有浓厚的学习兴趣，有利于提高学习的积极性，使其能在轻松愉快的气氛中享受体育的乐趣，提升健康水平；再次是智能化，教材内容注重知识与技能的结合，加强对教材的思想性、技术原理和锻炼价值的揭示，使学生领会教材的内涵，进一步明确自己的体育需求，提高锻炼的目的性和实效性；最后是人性化，教材内容以人为本，强调主体性，通过对运动处方知识的介绍和指导，使学生能合理运用运动处方，突出个性，提高锻炼的科学性。

（三）运用合理的教学方式

1. 加强引导，突出主体

学习者作为体育教学的主体，首先必须理解体育的价值，从理解产生需要，进而积极主动地参与，这是需要教师合理引导的。同时，教师还要把体育和健康教育的各种知识和技能教学与学生的需要紧密结合起来，从主体的需要和发展出发，启发他们去思考、去探索、去体验，逐步形成意识、能力和习惯，从而形成主体自觉参与、积极探索和不断促进的良好氛围。

2.注重普及，突出个性

苏霍姆林斯基认为："学校的精神生活的全部意义就在于要在每一个学生身上唤起他个人的人格独立性。"因此，体育教学要使每一个学生都能找到自己的位置，使学生身体素质在教学活动和锻炼中得到提高，使其体验到体育的乐趣，领略到体育的魅力，这就是体育教学中的普及性。同时，体育是为人的全面发展服务的，它还必须为学生的个性发展提供适宜的空间，这就是体育教学的因材施教原则。个人才能的高低可能意味着他对社会贡献的大小以及个人价值的实现程度，教学中就是要帮助学生"在无数的生活道路中，找到一条最能鲜明发挥他个人创造性和个性才能的道路"（苏霍姆林斯基），要鼓励学生去发现和发展最适宜自己的活动内容、活动方式和活动习惯，支持他们从不同的角度、运用不同的途径去达到目的，激励他们不断超越自己，体现个性，发展个性才能。

3.立足课堂，着眼未来

体育课堂教学要增强学生体质，提高学生的健康水平，这是毋庸置疑的。但这不是体育教学的直接目标，体育教学的实质是将教学内容作为一种载体来培养学生的兴趣、能力、意识和习惯，帮助学生建立正确的价值观，形成合理的生活方式，使其具备一定的体育文化素养。因此，在教学过程中，教师势必要改革传统的组织教法，使知识与技能教育互相融合，手段与目标趋于一致，为学生的终身体育学习打下基础。

（四）构建客观的评价体系

评价具有并列作用，通过评价，既可以了解学生的学习情况，也可以了解教师的教学情况，有利于教学反馈，进而改进教学。

教学评价通常包括终结性评价和过程性评价。终结性评价是一次性评价，是运用得较多且具有一定积极意义的评价方法。过程性评价是一种多次性的重复评价，它也重视结果，但更重视过程。它是用能动的、发展的观点来看待整个教学过程；它侧重于能力，侧重于进步，侧重于正确的体育价值观的树立和良好习惯的养成；关心学生情感、态度和人际关系等非智力因素的发展，因而能够正视个体差异，尊重学生人格，有利于体现大体性和人文关怀，更好地调动学生学习的主观能动性。因此，教学评价也就被赋予了更丰富的内涵。这两种评价紧密结合，优势互补，就构成了一个较为完整的、能全面客观地反映教学情况的评价体系。

三、网络技术在高校体育教学中的应用与发展

（一）网络技术在高校体育教学中的应用

随着网络时代来临，网络技术对目前高校教学工作的影响力逐渐增多。网络技术的广泛应用为体育教学信息提供重要的载体，其在教学工作中作用也日渐显著。未来的高校教育工作的发展离不开互联网，高校体育教学工作更是如此。目前，如何高效地利用高校体育场馆和合理分配体育教师节约教学资源，缓解由于高校体育教学设施、体育师资力量短缺等所带来的压力成了热点，网络技术实施应用于高校体育教学过程中，可以突破包括时空上限制条件，利用网络技术可以有效地解决高校体育教学过程中出现的许多问题。网络技术应用于高校体育教学中还可以提高学生学习的主动性从而改变学生过于被动地接受知识现状，同时为在校大学生根据自身特点和实际需求，自主制订个性化的学习计划提供了空间保障，这些对于当代大学生培养自身的创新合作精神和对未来适应信息化时代的发展有着积极作用。网络技术在高校体育教学中的应用对传统模式下的体育教学的教学理念带来了新的挑战。随着体育教学的信息化程度越来越高，体育教学的信息的时效性越来越强，传统模式下体育教学知识信息更新慢，不能及时地跟上时代需求等弊端突出，使得高校体育教学运用先进网络技术进行改进需求越来越强烈，网络技术应用于高校的体育教学已成为未来高校体育教学的必然趋势。本节从分析当前网络时代的背景下高校体育教学的改进方式入手，分析网络技术在辅助高校体育教学的过程中对高校体育教学的影响与积极作用。

在当前这个信息爆炸式的增长的大数据时代，高校体育教学传统的方式相对低效已难以适应当前高校体育教学的需求。如果继续沿用高校体育教学传统的和落后的体育教学方法，将很难适应当前快速更新的日新月异的知识信息的环境，更不可能把体育教学中本学科领域有价值的

信息以及新的理论和好的方法，及时传授给学生。而高校体育教学作为教育体系的一个重要环节，既有与其他学科的共性，又有其自身的不同特点。由于体育的教学过程与其他学科的教学存在着较大的不同，而且当前高校体育课程所使用的教材大多还是以竞技体育的教授为主，大多数内容都是连贯的动态技术动作，在高校体育教学传统方式，主要是高校体育教师亲自示范与讲解相关的技能和技术的，在此过程中，由于高校体育教师受年龄和性别以及身体素质等诸多客观条件的制约，个体的技术水平和示范能力有着不同的差异，难以统一化和标准化，这将直接影响到体育教学的授课效果与教学质量，同时这种传统的教学方式也严重局限了高校体育教师发挥，学生也难以根据教师讲解统一标准化的正确示范，从而使学生对技术动作概念的准确认知和教学效果大打折扣。如果运用当前先进的教学技术来合成与分解每个技术动作那就不同了，利用 CAI 课件制作技术与网络技术的结合，可以使得体育教学中的技术动作标准化、统一化规范教学的效果将大大改善。特别是对教学内容中一些较难掌握的复杂技术动作，单一的示范不能充分显示该动作的结构和运动过程，对关键点和细节的展现不充分，运用多媒体网络技术可以根据需要有效地从各个不同的视角、对该项动作的方向、位移、速度以及运动轨迹等进行合理准确的分析。网络技术使得我们教学过程中可以及时选取最新的大型赛事的相关影音资料作为研究范例，使高校的体育教学质量效率及时得到提高。

由于网络技术所带来网络具备即时交互共享等优势特性，使得信息数据材料得以以更低的成本进行及时的传输，为在校大学生的自主学习提供了更优质的学习环境。同时，通过网络技术可以及时获取互联网上丰富的体育教学信息资源，包括体育教学中的所需的各个学科及科研领域最新的科研成果和趋势动态等。网络技术应用到高校的体育教学管理中体现在体育教师可以随时制订体育教学计划、编写课程大纲、设置课程安排等，以及对学生成绩的学习进度及时了解进行分析，从而实现体育教师综合管理更好地指导体育教学。不仅可以帮助我们克服传统模式下体育教学过程中的许多弊端，同时可以节省时间以及降低教学成本提高体育教学的效率。

体育类学科的教学采用多媒体网络技术进行辅助，相比其他学科有着更大的优势和更广泛的应用空间。利用多媒体网络技术结合具体与抽象的体育知识和信息，将体育教学素材技术动作进行统一整合制成课件作为整体呈现出来，可以更真实地还原每项体育运动的过程。同时，将为学生提供更直观的和个性的教学环境，学生可根据自己对掌握动作的不同要求，观察动作的方向、速度、位移以及进行受力分析，这将对正确的认识技术动作起到很大帮助。作为传统教学的知识载体之一的纸质教科书的知识内容的更新已经远不能满足时代快速发展的要求，今天网络技术的迅猛发展对高校体育教学影响意义重大，随着网络时代的发展，与体育相关的学科专业的知识体系也在快速成长。加强对网络技术与高校体育教学的有效融合，成为未来高校体育教学的现代化发展的必然趋势。

1. 网络技术应用于高校体育教学中的优势

网络技术应用于高校体育教学中与传统模式下的体育教学方式相比有着更直观高效的教学效果。网络技术的高速发展为我们的高校教学带来了新元素为当前高校体育教学方式的更新和改进提供了技术支持与保障。高校体育教师如何尽快运用网络技术进行科技兴教，转变当前高校体育教师的传统教学思维显得至关重要，同时高校体育教师的教学理念直接影响到网络技术在高校体育教学中的应用的运用频率和深入程度。

传统模式下的高校体育教学方式是以体育教师的单向讲解为主的讲述式的教学，网络技术的应用使高校体育教学突破了传统课堂教学环境中教学参与数量以及时间地点的约束。互联网组成了体育教学的教学信息资源库使得通过网络获得体育教学信息与体育知识成为当前高校体育学习的一种重要可行途径和方式。传统模式下的教育教学方式已经难以适应网络时代发展的要求，高校体育教师不仅仅是体育学科的教授者而更需要成为体育运动技术练习方法的指导者，随着网络时代的来临，体育知识的信息化的更新速度不断加快，通过网络快速便捷地获得所需要的体育信息知识越来越多地成为当今在校大学生的选择，在校大学生的自主学习能力信息化环境的有效信息选择能力以及学习能力和创新合作能力得到了很大程度的提高。高校体育教师可利用网络技术对每位学生的学习过程的进行实时帮助，使体育教师能够及时充分掌握每位学生个人的学习近况，从而可以对应不同学生的需求实现因材施教保障教学效果，向每位学生提供最适合其自身的学习方法，并针对不同类型学生采用不同的个性化教学方式进行提高学生自身的学习效率与成绩。同时为未来提高高校体育教学的质量和教学管理工作的效率提供有力的技术支持和保障。

通过利用网络技术高校体育教师可以拓宽体育教学资源选择，保障体育教学过程中的所需，同时又能更好地制订详细合理的教学计划，为体育教学所需定制最佳的教学方案，方便高校体育教师根据教学信息的反馈对教学过程中的方案实施进行合理的调整。目前网络技术的运用对高校体育教学目标以及教学任务的完成都起到了良好的促进作用，从而促进学生自主学习能力的发展，保证高校体育教学更好的教学质量与效果。网络技术将为连接教与学之间双方合理组合式教学起到良好桥梁作用，将抽象的体育理论知识变成形象直观的教学方式。

将网络技术应用于高校体育教学中，需要根据高校体育教学目标和教学内容进行设计，通过网络技术的运用可以使教学效果更加准确和直观，促进学生自主学习的兴趣，激发学生的创新合作意识，从而更好地提高教学效果与质量。网络技术与体育教学有机融合是未来现代教学的发展趋势，融合得越好，教学的效率与质量也就越高，网络技术成为提高体育教学技术发展的重要手段。由于体育学科自身的特点，在体育教学运动技能的学习过程中，运用网络技术把体育教学中图文信息以及视频等教学素材有效地融合起来呈现给学生，可以有效地保障学生正确地学习和掌握每项运动技能的特点，还可以有效地提高学生的学习自主性与创新思维能力，从而提高高校体育教学质量与效率。

2.网络时代高校体育教学发展的趋势

近年来，随着网络时代的来临、网络技术的快速发展，网络技术逐渐被引入高校教学领域，推动了传统教学模式下的教育改革。在国家政策和资金的扶持下，国内多数高校都已经建设了应用于高校教学的网络平台，目前多数高校已经完成了精品课程网络平台的建设，高校之间也建立了网络教学资源共享平台，通过网络教学资源平台的使用使得高校体育教学资源得到高效的运用。高校体育教学是当今高校教育的重要组成部分，随着高校网络教学平台的建立和完善，势必将引起体育教学结合网络技术改革的趋势。在高校学生提供运用网络技术为自身学习带来方便的同时，高校体育教学如何合理运用网络技术也成为高校体育教师所研究的热点。政府和社会对网络技术发展的重视为高校体育教学提供良好的发展环境，高校体育教学现代化的实现需要先进的网络技术的支持。网络环境下的电子多媒体体育教学课件以及在线数据传输系统都为高校体育教学运用网络技术提供了保障。高校体育教学的网络平台保障了网络技术在高校体育教学中的合理运用，为高校学生的体育课程学习提供稳定高效的学习环境。

高校体育教学信息化的发展是高校体育教学未来发展的必然趋势。网络信息技术在高校体育教学中的渗透与运用对高校体育教学模式改革和高校体育教师素质的提高都将产生极大的推动作用，同时也是为构建现代化和信息化的社会以及实现终身体育教育体系的基础提供保障。国内高校体育教学由于应用网络技术还处于初级阶段，目前的发展需要不断深化，将面临许多艰巨的任务，但这是未来高校体育教学发展的必然趋势，随着高校体育教学改革的不断深化，以及高校体育教学现代化管理体系的不断完善，都促使了国内的高校体育教学与管理水平的迅速发展。

（二）网络技术在高校体育教学中的应用发展现状与特点

1. 网络技术在高校体育教学中的应用现状

随着高校计算机网络硬件的普及与更新，以及多媒体网络体育教学资源的丰富，特别是网络技术的发展，目前我国越来越多的高校开始运行或已经准备运行自己的校园网体育网络教学平台。高校校园网的体育网是开展体育网络教学平台建设的网络技术平台，高校校园网络的体育网是在校园网站的基础上建立的，高校校园网中体育网平台的建设情况直接决定了该校是否具备建设体育教学网络平台的基础。早在1999年，教育部就提出了相应的要求，国内的高校纷纷建立了自己的高校校园教学网络，随之在校园网中建立了有关体育教学的网络，这为高校体育教学网络化的发展提供了基础保障。目前，我国高校校园网中的体育网已经得到了全面的普及，其网页数量较多，但已开通的体育教学主页的内容相对过于单一，体育教学信息的更新速度普遍较慢，体育教学栏目的建设也不够完善。且有部分高校体育网的主页仅仅局限于运用简单的文字与图片进行概况的简述，没能针对自身高校所开设的体育教学的有关专业进行多层分类的网络建设，其中能够利用高校体育网络平台进行教学功能开发的高校相对较少。未来高校的体育网中建设网络教学平台的数量和质量都有很大的改进空间，且高校对体育网络教学平台功能的开发是当今我国高校深化体育教学运用网络技术的核心。

目前我国高校的体育教学中网络技术的应用形式多数是校园网的体育网模块共享体育教学的素材等进行的辅助式教学。国家体育教学的教育部门以及高校体育教学的专家学者对网络技术应用于高校体育教学的研究时间较短。从技术角度分析网络技术应用于高校体育教学中的可行性可知，目前国内大多数的体育教学工作者对高校体育教学中应用网络技术的研究包括 CAI 多媒体教学设计或利用校园网中体育网开设的部分体育理论基础的网络课程以及体育专项类的网络课程。如今我国体育教学技术的研究在体育网络教学软件的开发上取得了一定的成果，使得高校传统模式下的体育教学得到了改进，优化了高校体育教学的环境与学习过程。目前，我国高校体育教学网络平台的建设发展已经初具规模，特别是重点院校和一些高等体育类高校，网络技术的应用在其体育教学中得到了快速的发展。

2. 网络技术在高校体育教学中应用发展的特点

（1）网络技术应用于高校教学，是以网络技术为核心，通过运用网络平台实现高校师生之间的教学辅助功能的过程。高校体育教学的信息化、智能化，是计算机网络技术、信息技术高速发展的必然结果。学校开展体育网络化教学，需要建立一个完善的体育教学相关的管理系统，包含体育教学管理系统、体育教学资源管理系统和体育课堂教学的网络管理系统，从而实现基于互联网的信息化、智能化的体育教学环境。提高网络技术应用能够有效地整合各方面的体育教学资源，实现高校体育教学信息资源的及时整合与分享。

（2）通过网络技术可以及时对高校体育教学资源进行更新，及时适应体育教学知识更新的需求，为高校的体育教师和学生提供丰富的体育教学资源。在高校体育教学中，应改变传统体育教学模式下灌输式的教育方式，学生可以根据自身需求设定适合自己的学习目标，这样可以极大地提高体育教学过程中学生自身的积极性。在这种新的体育教学环境中，体育教师不仅仅是知识教授者，还是学生自主学习过程中的引导者。这样就丰富了师生之间的交流渠道，方便了学生学习过程中得到教师的指导；丰富了传统模式下的体育教学形式，拓展了学生在体育课堂之外的学习环境，实现了不受时空限制的体育教学环境，有利于对传统模式下的高校体育教学模式进行改进，有利于高校体育教学质量和效益的提高。传统模式下的体育教学得到了开放性的发展，传统体育教学模式是在课堂环境下师生之间进行讲述式的教授方式，而网络技术在体育教学中的应用使得体育教学形式多元化，高校体育教学过程中学生更加自由，也为学生提供了更加方便接受体育教育的教学形式。

（3）网络技术应用于高校体育教学，使得高校体育教学更加适应时代发展的需求。网络技术应用于高校体育教学提高了高校体育教学的效率，这也是网络时代背景下学生接受的学习方式之一。体育知识的更新频率高、时效性快等特点，使得传统模式下的体育教学方式很难适应网络时代发展的需求。将网络技术运用到高校的体育教学中，可以让学生及时地接收到最新的体育科学知识与信息。

（4）高校采用网络技术进行体育网上选课和网络化的体育教学管理。高校体育教学的管理工作的智能化发展离不开网络技术的支持，运用网络技术开发的教学网络管理系统给高校体育教学繁重的管理工作带来了巨大便利和改善。运用体育教学网络管理系统可以及时掌握学生体育课程的选课情况，方便教师结合所教授的体育专业课程及时进行教学计划的调整，从而更加有效地应对高校体育教学的需要，全面详细地掌握本校体育类学科教学过程中教学资源的分配，对本高校的体育教学相关数据信息有更加准确的统计。体育教学网络系统可以根据管理员以及教师和学生操作人员的身份以及功能需求的不同来进行不同功能使用权限的分配，以保障体育教学网络管理系统的正常运行。管理员拥有对整个系统数据库的操作权限；学生拥有查询自己考试成绩以及管理选课等权限；体育教师则可以通过使用网络教学管理系统，及时地了解有关体育教学的信息，及时对所教授的学生学习进度与成果进行了解，从而方便教学计划的顺利实施。

（5）正确、合理、高效地利用网络技术和互联网的资源，可以提高自身获取体育知识与更新体育教学的能力，可以通过网络技术的探索出新的体育教学模式，培养出适应当前网络时代下信息化社会所需的新型人才。当前高校体育教师传统的体育教学理念需要转变，对体育教学未来信息化发展的认识需要提高。未来网络时代知识信息化的开放性和跨时空性的突出特点，对高校体育教学的发展是一个全新的挑战。高校体育教师只有不断学习新的知识，不断充实自己的知识储备，才能站在网络时代发展的前沿，把握网络时代发展中高校体育教学的发展方向，迎接网络时代现代化体育教学改革的挑战。高校体育教师教学理念的转变对学生锻炼兴趣的培养和高校体育教育的发展起着至关重要的作用。网络技术在体育教学中的应用弥补了传统模式下体育教学的不足，提高了传统模式下体育教学的效率。互联网的特性与优点，使高校传统体育教学的价值更趋同于当前现代化教学的趋势。只有提高高校体育教学质量与教学效率，才能适应未来知识信息化的迅速更新与发展趋势。新的网络时代背景下的体育教学更致力于发展学生个性、培养学生终身体育学习能力、促进学生综合素质的发展，从而最大限度地发挥网络技术对体育教学资源的促进作用，为学生构建良好的体育教学环境，为实现终身体育作贡献，这对全面育人的目标有着重要意义。

3. 网络技术应用在高校体育教学的现状

高校体育教师多数倾向于在体育理论课上应用网络技术手段，而在大多数的体育实践课上由于受到一些客观条件的影响，在教学过程中应用网络技术的情况相对并不多，甚至有的体育教师在体育教学过程中从未使用过网络技术，这些因素局限了高校体育教学信息化的发展。在体育教学中运用网络技术教学，要求高校体育教师全面掌握网络技术以及计算机多媒体网络运用。目前国内高校体育教学中都已经配备具有网络平台的多媒体教室，高校的计算机数量以及校园互联网的全面覆盖已经得到了很好的保障，所以高校体育教师对体育网络多媒体教学平台以及计算机网络技术的运用有着良好的环境支持。影响高校体育教师在体育教学中应用网络技术的主要原因是体育网络教学资源平台与高校网络化的教学硬件设备的建设情况以及高校体育教师自己运用网络技术相关软件的能力，相关高校体育教学的网络应用软件较少和高校有关的政策扶持力度不足也在不同程度上影响着高校体育教师在体育教学中对网络技术的运用。

目前，高校体育教学的网络技术环境主要是指在体育教学实践活动中所涉及的标准化和系统化的网络技术硬件教学设施与环境。其中实现体育教学过程中教学信息的呈现与教学资源实时共享有利于学生积极主动地参与和协作讨论。在高校网络技术平台硬件建设的资金投入和管理中，网络技术相关的教学基础硬件设施与师资力量严重缺乏。在高校体育教学中开展网络技术应用辅助体育教学的首要条件就是要在标准化的网络硬件设备环境下进行相关的体育教学活动，搭建一个能够实施应用网络技术于体育教学的硬件环境平台，也就是建立一个与互联网相连接的多媒体教学的基础平台。这些硬件环境的开发建设对高校多媒体计算机设备和网络设备提出了较高的要求，正因为现状如此，才使得实施建设过程中经常会遇到设备以及资金缺乏的问题。这将是将网络技术应用于高校体育教学最基本硬件条件和建设过程中首先要解决的问题。目前，国内高校校园网络基础建设还存在着较多问题，如互联网信息宽带拥挤，少数高校计算机设备普及还不全面，网络数据传输的兼容性，宽带多媒体服务商的选择，等等数据传输信息的安全性和稳定性都有待提高。

目前高校校园网中体育网的建立已初具规模，但由于国内大部分高校体育网的建设开通时间相对较短，在高校体育网络教学平台的建设中还面临许多技术问题。如高校体育网中的体育教学内容的页面数量较少，体育教学中所需教学素材以及相关体育教学的课件不够丰富等。高校体育教学师资力量的强弱，同样是直接影响体育网络教学平台建设的重要因素。网络技术在高校体育教学中的应用促成新型高校体育教学模式的产生，最终还是需要通过高校体育教师在体育教学过程中实施与贯彻的。所以，对高校体育教师的网络技术知识技能提出了较高的要求。信息时代网络技术的飞速发展和不断更新使得网络技术应用于高校体育教学时，需要一批能参与相关体育教学网络素材以及网络课件开发的体育教师发挥带头作用。这种新形势下的高校体育教学对高校体育教师和学生的启发及指导意义重大。高校体育教师自身对网络技术的理解和掌握程度直接影响高校体育教学的效果。目前高校体育教师对网络技术辅助体育教学功能的认识还不全面，存在教学理念相对落后的问题。高校部分体育教师运用现代信息网络技术的能力较差，这些条件都极大地制约了网络技术在高校体育教学中的应用发展。网络技术的应用有效地解决了国内高校体育教师的师资力量不能满足当前高校体育教学发展需要的问题。

4. 网络技术应用在高校体育教学中遇到的问题与解决建议

网络技术在高校体育教学中的应用，为我国高等体育教育的现代化发展提供了有力的技术保障，推动了我国高校体育教育现代化的发展进程，促进了国内高等体育教育的信息化发展，将有效地提高国内高校体育教学的质量，为我国全面实现终身体育事业的发展奠定基础。目前我国高校在运用网络技术过程中还存在一些问题：单一地注重网络硬件方面投资，同时对体育教学中网络技术实践的应用不够重视；高校体育教学的相关体育教学软件以及体育教学的网络资源建设还不完善；在运用网络技术的同时，忽略了其与传统模式下体育教学的结合运用。高校应合理地进行体育教学网络硬件和软件的建设，加强体育教学网络资源库的建设，加强高校体育教师有关网络技术的教学培训，有效地利用高校已经建设完备的网络技术资源设备；要不断深化对快速发展更新的现代网络技术的学习，加强网络技术应用于高校体育教学的运行机制和相关规章制度的建设，加强运用网络技术辅助体育教学相关技能的培训等。

高校体育教师需要在网络技术方面进行规范化和系统化的教学培训，学生也应学习与学校网络技术运用相关的课程。还可以增加建设多媒体教学的网络教室和配置现代化教学网络设备的高校体育场馆，并加强高校体育教学网络平台建设，因平台的建设情况直接影响高校体育教学资源的使用率。

高校体育教师自行开发的体育教学课程关于体育教学的课件较少，通过网络技术进行体育教学管理的水平有待提高，体育教学网络平台的应用体系还需要完善。提高高校体育教学工作人员对网络技术的认知重视程度，将有效地改善网络技术在高校体育教学中的应用程度。通过加强学习培训和加大宣传力度来使高校体育教学工作人员充分认识到网络技术在高校体育教学发展中的重要性，要使高校相关体育教学的工作人员认识到将网络技术应用到体育教学中是一项长期而艰巨的教学任务，不但要重视高校教学网络硬件环境的建设，还要加大相关高校体育教学网络软件的开发，使高校教学的硬件基础与软件基础能够协调发展；要让高校的相关体育教学的工作人员认识到高校体育教学现代化发展的重要性，认识到网络技术在高校体育教学中应用的必要性，只有这样才能保障高校体育教学更好地发展。

（三）网络技术在高校体育教学中应用的发展对策

1.建立和完善高校体育教学网络技术应用平台

建立和完善高校体育教学网络技术应用平台的环境，需要加大高校计算机网络硬件设施的投入，加强高校校园网中体育网的建设。良好的高校体育教学网络技术平台环境是建设现代化高校体育教学的基础，其中包含了标准化的网络技术设施和系统化的教学软件。随着网络时代背景下网络技术的快速发展，以及高校网络多媒体教室的体育教学网络应用软件的普及，高校体育教学网络技术平台的应用环境得到了较好的保障，良好的教学环境可以促进高校体育教师在体育教学中更好地应用网络技术来完善高校的体育教学。但是通过访问调查发现，国内大多数高校目前仍面临网络设备和多媒体网络教学硬件数量不足，以及高校校园网中体育网建设的功能不够齐全和相关体育教学软件开发较少等方面的问题。上述问题如果得不到及时的解决，将严重阻碍高校体育教学现代化的发展。因此，为保障未来高校体育教学水平的提升，必须采取必要的执行措施，设计可行的方案，从根本上解决高校体育教学网络技术平台环境建设所遇到的问题。

高校要想实现现代化教学的发展，网络技术在体育教学中的快速应用以及与多媒体网络教室相关的网络硬件设施的投入是前提。多媒体网络教学硬件设施在高校体育教学中的使用率反映了高校体育教学现代化的程度。高校需要加快多媒体网络教室和体育教学场馆网络教学设备的建设。网络技术应用于高校体育教学不仅需要网络硬件设备规模的保障，还需要及时对与高校体育教学相关的教学软件进行运用，以使高校体育教学资源更加合理分配，为高校体育教学建设科学稳定的环境，从而为高校体育教学的现代化发展提供更好的保障。目前国内高校对校园网中体育网的建设开展得越来越多，但在实际的运行过程中其功能性过于单一。部分高校体育网的作用仅局限于本校体育学科的发展历程介绍和发布本校的体育学科的通知，真正运用在高校体育教学中的教学功能开发较少，体育教学资源和课件的共享也相对较少，没有对高校校园网中体育网在体育教学服务功能的实际运用进行有效的推广和建设。

应加大对高校体育教学软件开发的力度，使之可以更好地为高校体育教学提高优质的服务。高校体育教学中运用多媒体网络教学离不开体育教学网络资源的支持，丰富的体育教学课件和教学素材是未来高校体育教学保障，高校应及时对体育教学所需的网络教学资源库进行更新，增加体育教学所需的相关课件，对体育教学所需数据信息资料进行教学共享。高校体育教学网络资源库的建立为高校体育课程提供了所需的体育教学课件，为体育教学课件的自主提供了丰富的体育教学素材，同时体育教学网络资源库的建立拓展了学生的学习途径。高校体育多媒体教学网络资源库和其管理机制，离不开高校体育教师对体育教学资源的制作和收集。高校应及时建立有效的激励机制来提高师生的积极性，使广大师生积极地加入体育多媒体教学网络资源库的建设。高校之间应加强互相的合作，实现体育教学资源库的共享，及时对优秀的体育教学资源进行收录，并保障长期稳定的教学合作共享关系，从而加强高校体育教学网络资源库的建设。

网络技术应用于高校体育教学是高校体育教学质量提高的重要方式，高校体育教师教学水平的高低直接关系到高校体育教学质量的好坏。网络技术在高校体育教学中的应用，使得高校体育教师的教学理念和知识结构不断地相互促进和提高。网络技术可帮助高校体育教师实现体育知识的及时更新与完善，使高校体育教师可以了解最新的体育学科动态，掌握国内外最新体育教学的相关信息，从而促进高校体育教师的创新意识以及教学能力和教学理念的提高。

2. 改进传统体育教育模式，提高教学管理的质量和效率

在高校体育传统的教学方式中，较多是以体育教师课堂讲述的形式呈现，其中最依赖于体育教师的板书以及静态投影图等单项式教学。这种传统的教学模式形式和方法比较单一，教学过程中运用的教学技术相对落后，使得高校体育课程的教学效果受到了局限而没有得到应有的发挥。网络多媒体技术是集各种网络信息载体平台技术于一体，通过网络技术把图文以及视频动画等影像进行体育教学信息的整合，是网络技术应用于高校体育教学的重要表现方式之一。网络多媒体技术应用于体育

教学课件中，从而辅助高校体育教学，已经得到了高校体育教师的广泛认可。在高校体育教学中应用网络多媒体技术，可以针对高校体育教学的特点发挥其特有的优势，结合不同体育教学中实际教学网络软硬件设施的具体情况，应用相对体育教学课件制作软件进行网络多媒体课件的制作。这些方法的运用有利于节约教学成本，提高高校体育教师工作效率，改进高校体育教学的质量。

高校体育教学中体育理论课程教授的各项运动技术理论与方法以及动作理论分析，还包括运动技能的教学步骤与方法和影响成绩因素的分析都需要有与之相应的图像解析和相应的视频教学，这样不仅能极大地提高学生课堂学习的积极性，还能提高课堂体育教学的效果。整个体育教学过程的设计中包括所要教授的体育运动技能的理论教学与方法，也对其他相关的理论教学影响因素作了相应的整合融入，通过以上这些把网络多媒体技术融入体育教学中的设计，可以为高校体育教学的效果带来巨大提升。利用网络多媒体技术对体育教学进行科学处理是高校体育教学现代化发展的重要表现。体育教学智能化的管理涉及高校体育教学的方方面面，体育教学网络信息化管理可以加快体育教学工作的进度，提高高校体育教学工作效率。对高校的体育教学管理包括高校体育教学和体育教学资料文档的智能化管理。当前高校体育工作中存在着一些单调、烦琐、重复的细碎工作，如高校举行校园运动会，从校园运动会的报名准备、赛程编排，到各项赛事的成绩记录以及对应的统计分析。随着现代网络信息技术的快速发展，基于高校体育教学实际的需要，应加强对高校体育教学管理所需要软件的开发与运用，从而推动高校体育教学智能化管理的发展。

现代化的高校体育教学不应仅仅局限于传统模式的体育教学方式，尤其是在这个网络技术高速发展的时代。网络技术应用于高校体育教学已经成为未来体育高等教育发展的必然趋势。网络技术在体育教学中的运用有效地突破了时间与空间的限制，弥补了传统体育教学中所使用的纸质教材的不足，极大地拓宽了学生体育学习的知识面，拓展了新的体育学习方式，丰富了高校体育教学内容，强化了高校体育教学效果，增强了学生自主学习的积极性，提高了高校体育的教学效率。在过去传统模式下的高校体育教学的课堂中，尽管优秀体育教师可以在体育课堂中营造良好的学习氛围，从而激发学生在体育课上积极参与互动学习的热情，使体育教学过程中师生之间进行高效的互动交流，但网络技术融入体育课程教学时，可以将体育教学所需的场景进行模拟再现，使得学生可以通过场景再现的直观方式来理解要学习的体育知识内容，这样对学生视听觉感官上的刺激更真实、更强烈，同时突破了传统体育教学模式下时间和空间的局限，这样可以大大节省体育教学过程中的人力和物力成本，提高高校体育教学效率和教学质量。

网络技术在体育教学中的运用，有利于克服体育教师自身因素的局限。把与相关体育课程所需的体育运动项目的标准示范整合运用到教学中，不但不会因为体育教师自身年龄增长、身体技能退化等原因而受到影响，反而可以更好地利用体育教师对该运动项目多年的体育教学实践经验。在体育教学课堂上，网络多媒体技术能够将不同运动项目的技术动作进行全方位的展现，还可以对相应体育运动项目中的细节动作进行细致的分解教学，通过视频动画的视角转移，每个时间点的定格等，给学生在运动项目每个时间段、多个视角的视觉呈现，使学生对所学的体育运动项目的每个细节的学习都有科学直观的认识，从而激发学生学习体育的兴趣，提高高校体育教学的效率。

网络信息技术作为体育教学技术的一种被广泛地应用到高校体育教学的课程中，可以促进高校学生对体育知识的学习。在当前高校体育教学过程中，不能一味地只对单一体育学科相关的体育知识、运动技能进行教学，在如今知识信息迅速更新的时代背景下，网络技术在快速发展的时代，为了更好地提高高校的体育教学，应该考虑将体育教学的课程与其他学科的课程进行整合。在体育理论课程的教学中，通过集合网络多媒体技术进行课程的设计，能使体育理论的教学过程变得形象生动，同时能够提高学生在体育课堂的学习积极性和课堂学习效率。网络技术的运用可以使体育教学中各项体育运动技术的分析更加细致准确。在高校体育运动训练过程中对学生的体能监测十分重要，网络技术的运用促进了高校学生体能监测的科学化，通过网络技术可以及时反馈每个学生在运动训练中负荷等相关数据并对其加以合理系统的分析，从而达到体育教学过程科学化的训练效果。体能监测是长期的监测过程，借助于先进的网络信息技术可以使体能监测标准化，对于体育教学过程中运动训练及时进行科学数据分析，并对相关的数据做准确的保存，有助于历史数据的统计与分析研究；使高校体育教学中运动训练计划更加合理化，从而对体育教学中运动训练的全过程进行跟踪，包括对训练的目标和制订的训练计划以及实施训练目标的实现等；使高校体育教学在保障学生掌握一定的运动技能的基础上，发挥学生自主练习的积极性，使训练的过程更加科学有效。

在改变传统体育教学模式的过程中，无论是从教学理论方面，还是从教学实践方面，网络技术都发挥了巨大的作用。高校体育教学通过运用网络技术对体育教学进行优化和改革，有利于优化体育教学课堂的结构，提高学生在体育教学中学习的积极性，有效地提高高校体育教学质量；弥补传统体育教学模式的不足，使体育教学中运动技术训练更加科学和高效；有利于体育教学中学生学习自主性的提高和学生终身体育意识规范化的确立。网络技术在更新高校体育教师的体育教学理念、提高高校体育教学的质量和学生在体育教学中提高学习效率方面都起到了积极的作用。网络技术在体育教学管理工作中系统化的功能应用，以及完善高校校园网中体育网的教学服务功能，给高校的体育教学工作带来了全新的教学思维。体育教学网络管理软件系统为高校体育教学提供了智能化的课程管理服务，使得高校体育教学复杂的管理工作简单化，把原本复杂的人工选课改进为智能的网络选课。传统人工手工收录体育教学信息的工作量大而且错误率高，将其改进为网络一体化，有效地提高了工作效率和准确率。

3. 加强网络技术在体育教学中的普及与相关师资队伍建设

高校体育教师是高校体育教学过程中的指引者和实践者，高校体育教师是否具备现代化的教学技术运用理念直接影响到高校体育教师自身的教学行为。高校体育教学中网络技术的应用使传统模式下的体育教学理念和方式都发生了转变，有效地促进了未来高校体育教学的改革，推动了高校体育教学现代化的发展。高校体育教师在高校体育教学中运用网络技术辅助教学需要突破传统体育教学理念的束缚，不断促进高校体育教师教学理念的提升，有利于高校体育教师网络教学技术技能的提高，有效地建立了现代化的体育教学的教育理念，使高校体育教师对体育教学的效果、教学模式和方法的提高有准确积极的思想指导。因此，高校体育教学中体育教师对网络技术在高校体育教学中所发挥的具体作用，要有准确的高校体育教学理念作为指导，这样才能提高教学效率，有效地保障高校体育教学质量，有助于高校体育实现现代化教学。

网络技术应用于高校体育教学使得高校体育教师的教育职责不仅停留在体育课堂教学上，网络技术的运用拓宽了体育教师在课堂之外与学生交流的渠道，使得高校体育教师在课堂之外的时间可以方便快捷地解答学生体育课程学习中遇到的问题。高校体育教师应及时对高校的体育教学网络素材库进行完善建设，为高校体育教学提供一个良好的网络支持平台和体育教学环境，这些都需要体育教师充分转变传统模式下的体育教学理念，从而熟练掌握网络技术应用于体育教学的特性。现代化的体育教学技术对高校体育教学中学生的学习有积极的促进作用，可以更好地帮助高校体育教学提高教学效果。实现这些需要高校体育教师把现代化的体育教学技术合理地应用到体育教学实践中，为网络时代环境下的高校体育教学建立一个体育教学多媒体网络平台，为高校大学生自主学习和合作交流提供良好的学习环境，以期更好地培养高校大学生的创新能力和合作精神。

体育教学中应用多媒体网络技术可以使教师以更加直观形象的教学方式进行教学，从而有效地提高高校体育教学的效率。高校应建立完善的体育教学课件的网络素材库，将优秀的体育教学课件进行汇总，为高校体育教师的体育教学以及高校学生学习好体育知识提供优良的学习环境。目前国内大多数的高校体育教师在体育教学中运用网络多媒体教学课件的制作水平不高，高校对网络多媒体教学的投入远远不够，高校体育教学对网络多媒体应用课件的开发是许多高校体育教学发展面临的首要任务。各大高校应及时出台相关激励措施，激励高校的体育教师积极制作应用网络多媒体的体育教学课件，并加强高校体育教师有关网络技术的培训和学习，从而结合先进的体育教学技术研发更多适合未来高校体育教学所需的课件，尽快提高高校体育教学课件运用网络多媒体的质量，节约体育教学成本，避免高校体育教学资源的浪费。各大高校还应及时配备网络技术、体育教学技术的专业研发人员与体育教师共同研发来保障高校体育教学现代化发展的需要。

高校体育教学中应用网络技术可以充实和更新高校体育教学的教学

内容，高校应注重培养大学生通过网络获取体育信息资源的能力。特别是在高校体育理论课程的教学中，应用网络技术可以对体育教学中的相关知识进行有效的拓展，保障学生学习知识的先进性，方便不同学生根据自身的学习目标进行自主学习计划的制订，满足不同学生不同学习需求的实现。随着网络时代技术的快速发展，传统的纸质体育教科书的形式难以适应未来高校现代化体育教学的需求，越来越多的新的体育知识信息载体，如电子版体育教材以及视频网络课件等，丰富了体育教学的形式和内容，改变了传统模式下的体育教学方式。学生在体育知识的学习中运用网络技术，既培养了自身创新能力又提高自主学习的积极性。

高校应加强体育教师有关网络技术等相关教学技术理论知识和技能的培训。高校体育教师对网络技术相关的教学技术的运用水平，直接影响着网络技术在高校体育教学中的应用效果。如果高校体育教师的网络技术相关的教学技术运用水平不高，将严重阻碍高校体育教学的现代化教学进展。目前国内高校的网络技术平台的教学硬件环境建设虽然得到了较好发展，但在高校体育教师有关网络技术等相关教学技术理论知识和技能的培训上只局限在教学应用软件和多媒体课件制作上的培训，缺少对有关网络技术等相关教学技术理论知识和技能的研究学习。目前高校体育教师在体育教学中只在传统的教学模式上使用互联网进行简单的教学拓展，因此在高校培训过程中应该结合本校实际的体育教学状况和本校体育教师在体育教学过程中的实际教学需求，选择本校体育教师所需的培训内容，通过有关网络技术等相关教学技术理论知识和技能的学习，提高高校体育教师在教学实践中运用网络技术辅助体育教学能力。

因此，掌握现代化的网络技术应用于体育教学的理念是未来每位高校体育教师都应具备的一种教学能力。高校体育教师在高校的体育教学中如何运用网络技术，需要用什么样的教学理念来进行指导，以及未来高校体育教学活动如何通过运用网络技术来组织是目前亟须考虑的问题。只有不断地提高高校体育教师在体育教学中综合运用网络技术的能力，才能实现现代化的体育教学技术在高校体育教学中的稳步发展。高校的体育教学与高校其他学科的教学有许多的不同之处，因此，高校依据本校体育教师实际的体育教学情况进行相应的培训。除了网络技术应用于体育教学的理论知识之外，体育教师可以根据自身体育教学对网络技术的不同需求制订不同培训学习方案来进行学习，如体育教学的网络多媒体课件的制作以及网络多媒体教学平台设备的使用等方面的内容。高校应充分考虑到每位体育教师在体育教学中的不同需求进行差异化的培训，这样不仅大幅度提高了培训的针对性和学习效果，还提高了体育教师参与的积极性，节约了高校体育教师培训的成本。

第四节　体育教学建设与改革

当网络以惊人的速度改变着人们的工作、学习、思维和交往方式时，传统的以课堂、课本、教师为中心的教学模式将无法适应未来社会对人才发展的需要。而当以计算机网络为核心的现代体育教育技术像使用书、纸一样方便时，教师和学生的教与学活动也将会发生前所未有的变化。

在新技术革命的形势下，建立体育管理信息系统要逐步采用现代化手段，尤其是计算机，并与符合客观规律的管理艺术有机组合，达到最优化管理，这样才能促进我国社会主义体育事业的蓬勃发展。

一、体育管理信息系统建设

体育管理要借助自然科学的方法，如数字、计算机，其往往要面临这样的问题：数据有没有，能不能定量。这里的量不是数字的代名词，数字是定量中采用的一种符号。如果我们把一些本来是用定性描述的事物用符号表示出来这本身就是定量，当然这种定量不一定必须是数字。可见定量是相对定性而言，两者是对立统一的，是反映客观事物同一种属性的两种方法。即使是定性的描述，只要其边界清楚，关系明确，现有的数字、计算机也有其解决的方法。总之，采用自然科学技术的方法，用计算机参与部分管理过程和工作，条件是具备的。当然如果我们希望计算机能够管理全过程，就先要从信息论的角度出发，认识一下建立体育管理信息系统的理由。

管理者的工作，说到底是与信息打交道。任何一个管理层不外乎是一个信息的生产和再生产单位，作为一个管理者，首先要对管理系统内部的各种基本资源（人、财、物、方法、信息、时间等）建立各种数据描述方式。这里所说的数据不只是数字，还有其他能表示一定含义的符号；其次，对这些数据进行加工、整理、解释，解释后的数据才能称为信息。管理者正是通过信息指挥系统内部各种资源的流通的。

对一个管理者来说，其本身首先要求输入信息。信息的来源有两个：一个是系统内部，一个是系统的环境。再通俗一些，可以分为三个方面：一是上级；二是下级，即所谓吃透两头；三是环境，环境的内容有很多，例如，同级管理层信息，包括因内外有关的信息。管理者对来自各方面因素的数据进行加工、处理，对处理后的数据作用进行解释，作出决策，付诸实践，向管理的上下级和环境指出信息。

信息系统包括收集数据、数据传送、数据贮存、数据处理、信息选择和信息分散。而数据是信息的来源，是管理系统中不可缺少的资源，没有数据的管理是一种原始阶段的管理方式，构不成一个完整的管理系统，这样的管理者只能对当前的工作作一些盲目的决策，缺乏长远规划，战略观点在他们那里是一句空话。由于体育管理系统是一个动态、庞杂的大系统，数据产生是一项经常性的业务。在以往的管理系统中，对数据的处理十分简单，历史条件是允许的；现在就不同了，无论是系统内部还是系统环境，因为其庞杂性超过了以往，数据来源增加了几个数级。处理这样繁复的、结构复杂的数据常常使管理者望而却步，甚至拒绝，这必将给决策带来很大盲目性。因为将数据转化为信息是由管理者完成的。总之，必须加强管理系统中的重要资源和信息的管理，这是现代管理中的新观念和新任务。

信息系统又可以分为信息流通系统和信息处理系统。信息流通系统不改变信息自身的结构和形态，其质量好坏只是失真的程度和传递信息的速度。信息处理系统则在对输入的数据进行处理，然后输出新的结构和形态。在信息系统中，人和计算机及其他自动化办公设备都是可以构成单元或子系统，人和机器可以具有以上两种系统的不同形态，或者两者兼顾有，有所侧重。例如，秘书与主任、通信设备与智能化设置。两者功能的混淆势必影响整个系统功能的发挥。目前的管理信息系统已由多层递进式的宝塔形结构向网络式结构转变，横向信息联系的加强使得迅速建立体育管理信息系统显得尤为更要了。

二、以计算机为基础的信息管理系统

在管理活动中，不同问题需要不同的决策。决策大致可以分为三类：

（1）程序性决策，解决一般经常性问题，如运动会的组织、编排。

（2）战术性决策，如人、时、物的合理调配，有一定的时间周期要求。

（3）战略决策，包括管理系统的目标制订，资源分配，战略规划程序性决策，大都具有经常性和反复性。这最为计算机所擅长，特定的程序可以事先设计，但对数据要求比较详尽，要有一定的结构。如运动会组织与编排和程序系统，学生的学籍管理系统，大型运动会的计算机管理系统。而越接近策略性的问题，数据来源的结构越不严密，综合性的并且非正式的信息多，不易事先预测，这时则大多用计算机采用模拟方法来解决，并且要求管理者结合其判断力、直觉和估计来决策。也就是对于不同管理层来说对信息的要求是不一致。

结合我国的现状，在力所能及的条件下，尽可能地利用计算机处理大量的程序性决策和部分决策性决策将会非常有利于管理科学化，并为逐步建立体育管理信息系统奠定基础。

例如，程序性决策系统在不同的地区没有太大变化，对软件的要求基本一致。只要我们能够建立统一的数据结构和定义，建立标准的数据库，各个单位就可以随时调用。如把财务管理、人事档案、物资情况影响决策的相关因素及有关体育法则等，建立成一个数据库管理，供决策时随时调用，既准确又方便，势必大大加速决策的过程，而且彼此可以交换使用。再进一步，则可以将某一层次针对某一类问题的决策过程编成程序，让计算机作出决策方案，再由管理者选择，这也是目前能够做到的。总之，计算机应用范围非常广，其发展速度快。我们的体育管理需要计算机，计算机能为管理者做很多的事。它的存储记忆能力、逻辑判断能力可以代替很大一部分脑力劳动。现要把计算机用于体育馆中作个别的数据处理是有条件的。通信技术和计算机技术的结合，还将使体育管理中的信息系统进入一个全新的境界。随着管理系统向网络化方向发展，计算机与通信技术的结构是体育管理系统发展方向，建立全面体育信息系统在不久的将来势必会成为现实。

三、体育教学与人的全面发展

人的全面发展思想为我国社会主义的发展提供了强大的精神动力和智力支持，努力促进人的全面发展是我国社会主义持续发展的基本保证。长期以来，体育界不少人士对人的全面发展这一命题，无论是在理论上还是实践中都没有很好的把握，仅仅把其看成一个非常遥远的可望而不可即的理想目标，使学校体育在促进人的全面发展中的功能没有得到充分的发挥。体育是人的全面发展不可缺少的重要手段和内容，探索人的全面发展中的体育功能，研究学校体育与人的全面发展的互动关系，对全面落实党的教育方针，进一步挖掘学校体育的功能，推动我国当代学校体育改革，具有重要的意义。

社会的发展必将使市场对人的体力、智力发展的要求产生新的变化，使传统学校体育面临一场新的变革，促使学校体育必须要为人的全面发展服务。当代学校体育课程与教学必须把学生作为主体，把人的充分发展作为出发点，进一步研究人的特点，把人的需要、人的生理心理的活动机制和潜能作为教学理论的科学依据。所以，在体育教学中，学生身体的发展不可能仅局限在体力一个方面，还应该包括身体健康和心理品质等方面的发展，人的动机、情感、意志是有机地渗透在整个活动过程中的。同时，现代体育教学理论也强调学校体育教学的目的并不在于单一地传授运动技术，而在于通过运动教学过程中适宜的运动负荷使学生的体质得到发展，还必须注意情感和道德品质的培养，使学生整个人格得到发展，最终，更好地为学生适应社会生活服务。人的身心素质发展是人全面发展的基础，人的智力及各种技术、技能的发展是手段，是本领，二者统一协调发展的最高形式就是高尚的道德品质，这些构成了人的全面发展的全部内容。全面发展的人的培养，主要通过教育（包括体育）才能实现。

（一）以促进人的全面发展理论为指导思想

促进人的全面发展是当代马克思主义关于建设社会主义新社会的本质要求。人的全面发展是生产力发展的内在动力和价值尺度。生产力的发展离不开人的全面发展。生产力是人类征服自然和改造自然的能力，集中发展社会生产力是我国社会主义现代化建设的首要任务。劳动者是生产力的重要因素和能动因素。人的全面发展既要求个人体力和智力的统一发展，体脑结合，又要求个人在体力和智力上各自多方面的发展。所以，促进人的全面发展是具有时代先进性的根本要求。因此，作为培育青少年身体和育人为目的的中国当代学校体育，应以当代促进人的全面发展理论为指导思想，并把其作为我国体育的根本目的。

（二）树立体育为促进人的全面发展服务的新理念

社会主义基本制度的确立为体育促进人的全面发展创造了有利条件。我国学校体育的一切管理工作必须面向全体学生，必须全心全意为广大青少年服务。把增强广大青少年体质的任务放在首位，对学生的体质健康负责。因此，要积极推进卫生体育事业的改革与发展，开展全民健身运动，提高全民健康水平。

（三）学校体育目标应与促进人的全面发展的社会目标一致

人的全面发展学说中的体育思想启示我们，在学校体育价值选择上，不能重复“一边倒”的错误，学校体育目标应该从“工具型”的体育中解放出来，从“社会本位”“个人本位”中解放出来，寻求“社会本位”与“个人本位”的和谐融合。学校体育要加强学生身心健康素质教育，注重科学精神与人文素养的结合，努力培养学生的创造精神和创新能力，使学生学会做人、学会学习、学会创造、学会合作、学会健体、学会审美，将近期目标与促进和实现人的全面发展有机结合起来。也就是说，用人的全面发展的思想促进学校体育目标的回归。学校体育目标回归的关键在于“创新体育”教育，努力提升体育中学生的主体价值，发展学生的健全个性并谋求与社会生活方式的内在统一，促进社会生产力和经济文化发展水平的逐步提高，从而最终达到人的全面发展。在人的全面发展的进程中，必须重视体育的内在价值，强调学生身心素质的可持续性发展，即具备人的体育卫生保健知识的学习、身体发展的意识和能力以及开拓创新精神、突出人的生命体特征，强调体现人的生命价值，开发生命潜力，指导自身生命发展，以突出体育过程中学生的主体性发展。人的全面发展中的体育，集中体现在强调发掘人自身对身体健康发展的各种有利因素，并使要素的组合逐渐扩展和完善，即侧重从人的身体发展和完善出发，实现人的身体内在结构的优化和身体心理素质整体性发展，使之实现整体功能大于部分之和、达到提高人的整体水平和真正促进人的全面发展。

第五章　高校体育教学模式创新构建与人才培养

第一节　快乐体育教学模式

一、快乐体育概述

（一）快乐体育的定义

国内学者认为，快乐体育是以运动为基本手段并采用适宜的教法，在发展学生身体的前提下，使学生得到理性的快乐体验，即以快乐心理体验为直接（显性）目标的体育教学。日本学者认为，快乐体育教学思想的基本宗旨是把运动作为体育追求的目标而不仅仅是手段，把运动作为学生将来生活的内容来教给他们，让他们能够理解、享受掌握和创造运动，使运动文化成为自己生活内容中不可缺少的一部分，并伴随终生。也有学者认为，快乐体育既是一种以把人为本主义教育观作为理论基础的体育教学指导思想，又是一个较为完整的教学方法论与教材理论的体育教学实践体系。快乐体育是一种先进的教育思想，既寓素质教育于其中，又保存了传统体育教育的精华。它的特殊性使其成为体育教育的指导思想，它可以让学生在体育运动中体验到参与、理解、掌握以及创新运动的乐趣，从而激发学生参加运动的自觉性和主动性。

简而言之，快乐体育就是寓教于乐，从情感教学入手，倡导以学生为主体，以教师为主导，对学生进行以健全的身体教育和人格教育为目标的体育教育思想。其核心思想是：如何采用各种有效措施使体育教学达到教师兴教，学生乐学的良好效果，最终使学生深刻体验运动的意义和乐趣，为其形成终身体育思想埋下种子。

（二）快乐体育教学的发展

快乐体育作为一种理论和教育思想，随着时代的变化为人们所认可，其孕育于日本。在1979年第24届全国学校体育研究办会东京大会上，日本提出了适应日本社会变化的体育思想——重视把运动作为生活内容来学习的体育，其口号形式就是“快乐体育”。20世纪80年代中期，该思想被引入我国。在这之前，我们国家的教育形式都是惯用班级授课制，即以教师为主导，学生都是在完成教师所布置的任务。而当时的体育教育虽然在教学上对学生增强体质和提高运动能力有积极的作用，但传统教学模式的局限性使得学生缺乏学习的主动性，造成学生参与运动的自觉性大大降低。这些消极的因素影响了整个教学目标的实现，因此必须改变和摆脱传统教学模式——教师主导主体型，使学生真正喜欢学、乐于学，又清楚自己学习的目的和意义。快乐体育的应运而生，使学生在“乐”中接受体育教育，并从学中体会到“乐”的教学模式成了可能。现在，快乐体育已经成为我国体育教育发展的新方向，它既是传统的运动技术教育的管理体制和教学模式改革的转折点，又是以应试为重心的教育观念和行为转变的必经之路。

（三）快乐体育与传统体育的区别

1. 对于学生主体地位的重视

传统的体育教学论过分强调教师的主体地位、主导作用，认为学生只是一个需要教育的客体，只能被动地接受体育教师的教育培养。这就导致了学生主体地位的丧失和自觉性、积极性的泯灭。快乐体育理论认为，重视学生的主体地位，激发和维持学生学习的兴趣与动机是提高教学效果的手段。

2. 师生关系的和谐

体育教学是双向多边、复杂的活动。和谐的师生关系是教师顺利施教的重要条件，是调动教与学双方积极性的一种内驱力。和谐的师生关系不会使学生产生恐惧、焦虑等心理障碍，而是乐于接受教师的教学教育影响。传统的体育理论认为师生之间是命令与服从、上级与下级、教与学的关系，教师严肃教学，不容置疑；学生言听计从。快乐体育强调体育教学中师生之间、学生之间存在着双向信息交流，应建立和谐的师生、生生关系。

总之，快乐体育教学的本质就是促进学生乐于进行体育学习，学生自发、自主的学习活动成了快乐体育教学一个非常重要的条件。满足学生的运动欲求，他们就会产生运动的乐趣。这种欲求的水平越高、越明确，学生满足后获得的喜悦也就越大。因此，体育课不能是带有教师强制性的，而必须能使学生自发、自主地享受运动中的乐趣的体育课。当然，丰富多样、生动活泼的教学方法，新颖有趣、逻辑性强的教学内容，可以不断地引起学生新的探究活动，从而激发起学生更高水平的求知欲。

二、快乐体育教学模式

（一）快乐体育教学模式的特点

快乐体育应从情感教学入手，对学生进行健全的身体教育和人格教育，要重视爱的教育、美的教育与各项运动所独具的乐趣，强调学习兴趣与创造学习。情感教学是学生身心培养的一种，这样从内心角度出发的方式对教学具有一定的影响作用。情感教学模式不仅把运动和情感作为实现教学目标的手段，而且视为直接目的。快乐体育教学模式有以下五个特点：

（1）乐学性。在体育教学中渗透德育是体育教学的基本要求。快乐体育以“乐学”为支撑点，培养学生良好的心理素质。心理素质包括目的、兴趣、情感、意志等全部非智力因素。

（2）趣味性。“授之以趣”，教师乐教，学生乐学。

（3）情境性。将体育教学活动置于一定的情境之中，让体育学习变得亲切、自由和愉快。

（4）激励性。教学中一方面要“激情、激趣、激志”，激发学生主动学习精神；另一方面要“激疑、激思、激智”，激发学生的心智活动，达成在快乐中求发展，在发展中求快乐的目标。

（5）实效性。近期目标是培养学生良好的学习习惯和乐学精神，提高教学质量；远期目标是面向终身体育，发展体育素质。

（二）快乐体育“三部分”的教学模式

快乐体育“三部分”是指准备部分、基本部分和结束部分。

1. 准备部分

准备部分不仅仅是帮助学生在生理上作好上体育课的准备，还要将主动权交给学生，让学生自由想象、敢于发挥、勇于创新。这样既给了学生一个表现自我的舞台，锻炼了学生的组织能力，还向学生提出了更高的要求，促使学生继续努力，养成良好的体育习惯。

2. 基本部分

基本部分由学生自由选择项目、自由编组、自主学习与锻炼，教师所要做的就是协助学生解决在练习过程中遇到的困难和问题。在教学中，教师根据学生选取的项目以及他们的认知水平、运动能力制订出各堂课的教学目标。学生围绕教学目标可以采用多形式的学练方法，同时通过集体智慧来解决学习过程中出现的各种问题。

3. 结束部分

结束部分不要让学生拘泥于传统的形式，只要是有益于身心放松的活动都可以采用，如游戏、欢快的集体舞、互相按摩、自我按摩、调整呼吸、意念放松或听上一段优美的音乐，想象把自己置身于优美的自然环境中。

（三）快乐体育教学模式与多媒体技术

体育教师的特长、喜好、年龄、身体素质影响着体育教学的开展。运用多媒体辅助教学可以极大地优化教学环境，克服教师自身条件的限制，提高学生学习的兴趣，促进学生主动学习。多媒体的教学在教学内容上更加丰富形象化，在视觉的效果上也更加真实，能够更好地带动学生学习的兴趣，活跃了课堂气氛。

多媒体技术可以给学生提供声、光、电等各种信息，使课堂教学变得生动活泼，大大优化了教学环境与教学氛围，使师生之间的信息交流变得顺畅。例如，在讲篮球战术理论时，可以通过播放学生喜欢的美国NBA比赛、国内CBA比赛的视频片段，让学生了解战术配合的形式和变化。通过慢放或反复播放，让学生看清楚战术配合中场上队员跑动的路线、采用的系列技术动作等，再加上教师的进一步讲解，达到视听结合、生动有趣、直观形象的效果。体育运动是脑力劳动与体力劳动的结合，二者缺一不可，单纯地使用体力无法学好动作，单纯地使用脑力也掌握不了技术。因此，学生在心境开朗、快乐的气氛中学习，才能达到事半功倍的效果。

三、快乐体育教学的理论基础

（一）生理学基础

在传统的体育教学中，学生常处于一种迟缓或被动的状态，不会或极少会引起神经系统的兴奋，会影响运动后的食欲、睡眠、工作和学习。而快乐体育教学后的生理学实践证明，由于人体神经系统兴奋适度，有助于升高血糖的浓度，为运动后的学习、工作及时提供能量，有助于提高工作效率。运动带动生理机能转变，使人体的整个神经系统运转，在这样的基础上，对人体大脑产生刺激，带动兴奋，所以才提高了工作效率，这样也能劳逸结合，更好地保证工作质量。

快乐体育的教学使学生在和谐的课堂氛围中学习，有助于保护心脏，提高心肺功能，避免过强或被动的负荷运动带来的对心脏的不良影响。

实践证明，以快乐体育为教学手段时，学生的最大负荷强度为60%左右，这种负荷强度带来的锻炼效果最好，既有利于保护运动器官，又有利于促进青少年身体的正常生长发育。体育教师应在有限的时间内合理地安排运动量，以快乐体育的基本理论为原则来完成教学。

（二）心理学基础

在体育教学或训练中，如果运动的性质违背了学生的心理或因为运动的单调、乏味，使学生感到厌烦，欲望受到压抑，行动变得迟缓，将不利于学生良好个性品质的发展。而快乐体育教学的运动性质符合学生心理，可以使他们的情绪变得高涨，心理得到满足，行为变得轻快，更容易实现教学目标。因此，要求体育教师讲授的内容既新颖但又不陌生，而且要通过运动项目内在特征所产生的特有的乐趣，让学生通过努力就可以掌握，使其感受到成功的乐趣。当然，我们反对“兴趣中心主义”，反对“一切从学生的兴趣出发”。在这里，有必要将快乐与乐趣加以区别：快乐是一种愉快的情感体验，而乐趣则是使人产生愉快情感体验的特性。例如，游戏活动能使人产生愉快，这就是快乐；而产生快乐的原因在于它的趣味性，这就是乐趣。因此，我们必须根据不同学段的学生的身心特点，对某些运动项目的教材进行必要的修改，选择容易激起学生乐趣的练习内容，采用生动活泼的教学组织形式，为学生终身体育打好基础。

（三）思想基础

新时期的新理念、新策略与新行动号召大家为培养学生能终身从事一项体育活动而努力。但是，培养的方法与手段需要用灵活多变、多样化相结合的新体育形式来启动与发展。这就是“快乐体育”的理想宗旨。快乐体育教学的思想基础是从情感教学入手，对学生进行以健全的身教和人格教育为目标的体育教育思想，它重视爱的教育、美的教育与各项运动独具的乐趣，强调学习兴趣与创造学习。它不仅把运动和情感作为实现教学目标的手段，而且视为直接目的，让学生喜欢学、乐于学，又让他们知道学习的目的和意义。因此，能激发学生的体育兴趣，满足他们的学习愿望，有利于培养自我体育能力与完美的人格，为终身体育奠定基础。快乐体育简而言之就是寓教于乐，这是教育艺术的最高境界，也是成功教育的必由之路。

结合快乐体育的定义，研究认为快乐体育教学模式是指以运动为基本手段并采用适宜的教学方法，在科学发展学生身体的前提下，创设生动活泼和谐的教学氛围，使学生得到理性的快乐体验，激发学生的情感，唤起学生的自主性、能动性，以得到全面、主动、充分和谐发展的教学模式。简而言之，即体育教学中贯彻“以人为本”的教育指导思想、全面提高学生素质的一个行之有效的教学模式。这种教学模式能够较好地提高学生体育学习的兴趣，易其养成锻炼的习惯，为终身体育打下基础。

四、快乐体育教学模式的特征

（一）整体教学目标突出发展性

“以人为本”，即人的发展是快乐体育教学追求的终极目标与核心，致力于人的发展的体育教育才是教育真正所需要的。发展就是要提升人的地位，显示人的价值，开发人的潜能，昭示人的个性。快乐体育的核心是在教师的引导下，通过有效的教学方法和手段，激发学生的学习兴趣和自觉性，充分调动学生学习的积极性，使其变“厌学”为“乐学”，变“苦练”为“乐练”，乐于进取、乐于向上，更有效地发展学生个性和培养其体育能力，从而把体育的作用理解为要体现以学生为主体的教学发展观，致力于体育教学目标上的发展性教育。

快乐体育教学模式不仅推崇融知识、技能和观念、态度为一体的完整的发展性教育，体现体育教学的教育性原则，而且在教学过程中注重生存与发展的终身学习能力的教育，有利于形成个性化学习模式，避开了传统体育教学模式的最大弊病——“闭”，即与外部世界缺乏联系性，从“以人为本”的角度出发，将学生的发展置于社会文化教育的背景之中。

（二）以学生为主体，因材施教

在强调教与学的关系上，传统体育教育几乎完全忽视了学生的主体地位，只是过分强调教师的主体地位、主导作用，认为学生只是一个被动的接受教育的客体，一切只需要教师来安排，学生本身只需要完成教师布置的教学任务即可，忽视了学生的能动性；而快乐体育教学模式则把教学的中心从教师转向为学生，实行以教师为主导与以学生为主体相结合的教学，即在发挥教师主导作用的同时，特别强调学生主体地位的体现，这样才能激发和维持学生学习兴趣与动机，以充分发挥学生的学习积极性和潜能作为提高教学效果的重要手段。它强调通过体验个性化的教学，对学生进行因材施教，满足每一个学生的需要和能力，并帮助学生建立和完成切实可行的努力目标。

（三）教学方法多样性

在教学方法上，快乐体育教学模式从以注入式的传统型教学为主转向启发式的创造性教学为主，实现教学方法的多样化和科学化，逐步作到从情感入手，以发展个性为重点，分层次递进，讲究授之有趣，注重引导发现，培养学生发现问题，解决问题的能力。启发式教学没有固定模式，主要是在教学过程中调动学生学习的主体性，培养学生思维方法的能力，使学生通过再发现来进行学习。具体做法可以从实际出发，灵活运用，不必限制于一些规章制度，只要学生身心能得到有效的锻炼，可根据学校现有的资源，比如体育器材和场地的状况，合理安排课程，最大限度地发挥学生自主学习、自主思考的能力，这样才能更好地挖掘学生思维的潜力。

（四）课堂教学活跃性

体育教学是一种涉及认识、情感等方面的人际交往过程，其教学过程有一个或几个体验运动乐趣的环节，这些环节相互连接，层层递进，使学生能体验到运动、学习、挑战、交流和创造的多种乐趣，从而建立一种协调、互信、融洽的师生关系和生生关系。在教学组织上，我们应该改变传统以强调纪律为主的组织方式，使其转向活跃的组织方式，形成严肃而不沉闷，活跃而不杂乱的理想环境。因此，课堂教学应该强调多向联系，加强师生之间、学生之间的纵横向交流，强调非模式化生动活泼而又轻松的课堂氛围，明确教师的主导作用，指导学生参加课堂的组织和管理，给予学生充分的自由空间，充分发挥其主体作用，使学生在课堂教学目标的要求下愉快轻松地度过。

（五）注重体育游戏的趣味性

孔子曰："知之者不如好之者，好之者不如乐之者。"教学实践也告诉我们，教师在课堂教学中，特别是设计游戏内容时要有意识地实施愉快教学，将学生置身于愉快的氛围中，以激发学生的学习动机，培养学生的学习兴趣。体育游戏拥有游戏理论的基本属性——趣味性，在体育教学的过程中正确运用游戏方法，可以改变传统、单一、枯燥的教学方式，使其转向快乐体育教学模式，从而增加教学的趣味性，提高学生的学习积极性。

例如，“排头抓排尾”的游戏，即学生排成单行，用双手抱住前面一人的腰部。教师鸣笛后，排头要努力去捉排尾的人，而后半部分的人要努力帮助排尾，不让排头捉到。该游戏规则为队伍不能被拉断。排头触到排尾时，即换人做排头和排尾，重新开始游戏。

在进行该游戏之前，体育教师可以借用热身时间提问该游戏的相关内容，包括这个游戏的具体玩法和规则，以及该游戏和“老鹰捉小鸡”游戏的相似点和区别之处，这样可以激发学生的兴趣。而整个过程中，体育教师不应仅在旁边做裁判，也应参与游戏。这些对营造轻松快乐的教学氛围起了关键作用。

类似以上激烈竞争游戏可以使得游戏的组织变得合理化，竞赛规则、竞赛目的和内容变得多样化，可以很好地吊起学生的胃口，满足学生的好胜心理，同时也满足了学生的表现欲望。因此这种追求参与运动的乐趣，体验快乐的过程，确实解决了学生自身的需求，也自然提高了游戏的趣味性。

五、基于体育游戏的快乐体育教学模式

（一）体育游戏理论与快乐体育教学模式的共性

从概念的定义和特征上就能发现两者的共性，因为概念里包含了其功能和特点。对体育游戏定义的研究中，首先，强调了自主娱乐活动，这和快乐体育教学模式中“以人为本”的教学指导思想不谋而合；其次，两者都注重身心和谐的发展；最后，两者都提倡创造性思维的发展。这几点共性，为从游戏理论的角度去研究快乐体育教学模式奠定了基础。

（二）基于体育游戏理论的快乐体育教学模式存在的问题

体育游戏以其自身的优势，指出了快乐体育教学模式现阶段存在的问题，主要表现在以下三个方面：

（1）体育游戏的学习动机是建立在需要和兴趣的基础上的，对有兴趣、娱乐性的教学内容，参与者会主动去追寻和掌握，这能体现“寓教

于乐”的真义，也说明了目前人们对快乐体育教学定义中的“快乐”没有真正理解。当前的“快乐体育课”就应该在这个基础上形成并发展起来。因为“快乐体育”明确地反对传统体育那种压抑学生兴趣，忽视学生心理特点而重视知识技能传授与体力发展的强制、被动的教学活动及其指导思想。与传统体育教学观念相比，它强调学生积极参与和活动主体作用，在指导思想上进了一大步。

（2）快乐体育教学模式存在的教学形式和教学内容不统一，是因为缺乏合作学习的教学组织形式，缺乏各小组成员之间的交流，以及缺乏利用系统教学动态因素来互动促进学习，共同完成学习目标的活动。因为只有在整个教学中学生都是主体参与者，才有助于明确其适用对象的界定。

（3）当前快乐体育教学模式实施者仅仅追求“思维的创造”这一观念给技能的教学带来了弊端，这是因为缺乏教学的技巧。体育游戏以其特殊的教学方法弥补了这一点，即把教学方法隐藏于游戏之中，使学生在“玩”的过程中培养了自身的技能，也增强了自身身体素质。

总之，通过研究可以发现体育游戏里运用的一些方法和手段对体育教学的应用研究有很大的价值，这为从游戏理论的角度去研究快乐体育教学模式提供了切入点。

（三）基于体育游戏的快乐体育教学模式的构建

“快乐”是一种愉快的情感体验，而乐趣则是能使人产生愉快情感体验的运动特性。所以“快乐体育”教学强调运动与生活的关联，体现主动、快乐和个性发展的效果。乐趣由“心”生，而游戏却倡导一种能使人感受以“心”为主导，身心完美结合的思想。

1. 贯彻“安全”“健康”“娱乐”三者统一的教学指导思想

“安全”问题是体育教学中最先考虑的，这个问题会带来严重的后果，所以就限制了体育活动的开展。而这里寻求的是在保障安全的活动环境下，学生德、智和体等方面全面发展，即“健康”成长；“健康”是体育教学的追求，而“娱乐”是配合“健康”的，在这里把两者并列，是因为“娱乐”是“健康”不可或缺的途径。所以只有三者统一，才能准确定位快乐体育教学的指导思想。三者合为一体就是一种良好的教学指导思想。

快乐体育本身的原则就在于更“安全”、更“健康”、更“娱乐”地来完成课程，三者的关系是相互联系、不可分割的。“安全”是课程完成的基础，是学生的基本保障，其中包含了很多基本的要求；“健康”体育课的根本所在就是通过锻炼方式来提高学生的身体素质，从而达到健康的目的；“娱乐”就是在前两者的基础上通过娱乐身心的方式，在安全的基础上来达到活跃身心健康的目的，这也是快乐体育所带来的一种教学效果，从而提高教学质量，完成教学任务。

2.建立以增强体质，促进人格完善的教学目标

众所周知，科学合理的体育活动能使身体更加健康，随着研究的深入，人们发现学生在积极参与运动的过程中，思维变得更加活跃和敏锐，创新能力大大提高；同时受活动环境的熏陶，加速了个性社会化的形成，而学生认知能力的培养和个性社会化的形成能促进人格的完善。社会的发展对于人才的需要越来越高，人本身的基本素质也需要提高。在基础的课程里，体育课是培养学生身体素质、健康能力的重要途径。随着社会需要及课程要求的改变，体育课培养的是学生能力，能力的提高体现在动手能力。体育课的转变方式就在于如何在基本思想上，让学生更好地完成教学目标，快乐体育的融入把学生的思想精力带动起来，融入课堂里，使学生在受环境因素影响的同时，身心得到了锻炼，思维方式得到了提高，从而达到了体育课的教学目标。

3.建立以游戏理论为辅，不断创新并达到以培养学生身体发展为目标的教学内容

如今的体育课程多以传授基本技术、基本学习方法为主，不能使学生从根本上更好地理解和掌握技术。在教学过程中，运用多种游戏方法进行教学来提高学生的积极性，培养学生身心的发展尤为重要。如何让学生在娱乐的过程中学到知识和内容，需要教师通过游戏的趣味性加上教学方法来完成。游戏的理论基础颇深，在运用上有局限，就要融入一定的人文内容，所以教师教学内容上的安排要有所突破，这才体现出新型体育教学模式中的新颖之处：重视娱乐教学，但是不能把体育课变成游戏课，应用游戏的方法和理论去辅助教学，以达到良好的教学效果。

4.建立以教师为主导，教师与学生同为主体的教学群体

学生虽然是学习的主体，但其所需要的体育知识、技能需要由教师

来传授，在学习中的自学积极性需要由教师来激发和培养；学生进行自主学习、合作学习和探究学习，也离不开教师的指导。然而，教师在主导的过程，也要让自己成为主体，与学生一起感受和体验，共同互动起来，让体育教学过程中的所有成员成为一个能够随时随地反馈信息的系统。

5.建立以重视情感投入为主并培养学生自主学习和合作学习的教学过程

体育教学的过程不仅是体育知识、技能的传递过程，而且还伴随师生之间的情绪、情感交流，伴随态度和行为方式的相互作用与影响。教师根据学生的自身需求，激发其兴趣，最后使其变成学习动机。而学习动机能克服许多传统教学模式中学生所处的被动状态的弊端，能培养学生学习的自主性，也能改善师生关系和生生关系。在活动过程中互相学习，共同提高，为学生提供了愉快的学习经历，有利于营造和谐的学习气氛。

第二节　合作学习体育教学模式

一、合作学习教学模式的理论依据

合作学习是一种以学生为中心进行知识构建的教育理论，其适用于不同类型、不同层次的教育。它作为一种系统的教学模式，是在一定的教学理论和知识的指导下构建的特定的教学模式，有很深的理论基础。

（一）心理学理论基础

1.群体动力理论

格式塔心理学创始人之一的考夫卡提出，群体是成员之间的互赖性可以变化的动力整体。考夫卡的同事勒温对上述观点做了具体阐述：第一，群体的本质就是导致群体“动力整体”成员之间的互赖，这种互赖通常由共同目标而创设，任何成员状态的变化都可引起其他成员的变化；第二，成员之间紧张的内在状态能激励群体达成共同的预期目的。勒温的弟子道奇提出了合作与竞争的理论，这对合作教学的发展产生了直接的影响。道奇认为，在合作的社会情境下，群体内的个体目标表现为促进性的相互依赖；而在竞争的社会情境下，群体内个体目标则体现为排斥性相互依赖。

2. 选择理论

选择理论原称控制理论。选择理论的创始人哥拉斯指出，选择论是建立在这样的事实基础上的，即我们是被内在动力所推动的，是被我们的各种需要所驱使的，是一种“需要满足理论”。

选择理论认为，人都被潜伏于基因中的四种心理需要所驱使，它们是归属的需要、力量的需要、自由的需要和快乐的需要。部分或全部的需要被满足都会使人感到愉快。美国教育家约翰·杜威说过：“人类本质里最深远的驱策力就是需要具有重要性，学习应该与学生的需要和兴趣联系。”

教育应该包括学会和别人一起学习、工作、生活，学会尊重他人和理解他人，可以说，只有愿意学才能学得好就是选择理论最为简洁的一种表述。

3. 动机理论

动机理论主要研究的是学生活动的奖励或目标结构。道奇界定了三种目标结构：合作性结构、竞争性结构和个体性结构。其中最主要的是合作性结构。合作性结构中要求每个个体指向目标的努力都要为其他个体的目标实现作贡献，有利于他人的目标达成。合作性目标结构与竞争性相反，其创设了一种只有通过小组成功，小组成员才能达到个人目标的情境。为实现个人目标，合作的小组成员必须尽力互相帮助，特别是鼓励他们为同伴作出最大的努力。在评价小组合作表现的基础上对小组进行奖励，能够产生组中成员相互之间对任务相关行为给予社会强化（如表扬与奖励）的人际奖励结构。这是合作学习教学效果优于个体化和竞争学习目标结构的原因所在。

约翰逊认为，学习动机是借助于人际交往过程而产生的，其本质是一种人际相互作用建立起的积极的彼此依赖关系。激发动机最有效的手段就是在课堂教学中建立起一种“利益共同体”的关系。这种共同体可通过共同学习目标、学习任务分工、学习资源共享、角色扮演与分配、团体奖励和认可来建立。小组成员之间形成一种“休戚相关”“荣辱与共”“人人为我，我为人人”的关系是动机激发的一个重要标志。从以上分析中不难看出，动机理论对于合作学习的重要性，它是合作学习教学模式的核心理论之一。

4. 认知理论

（1）发展理论。苏联心理学家维果茨基提出了“最近发展区”的概念。他把“最近发展区”界定为“由独立解决问题所决定的实际发展水平，与通过成人的指导或与能力更强的同伴合作解决问题所确定的潜在发展水平之间的距离”。此概念强调教学不能仅仅依据儿童过去已完成的发展过程，而应依据现在仍处于形成状态，刚刚成熟、正在发展的过程。简而言之，就是教学要在发展的前面引导发展。

（2）认知精制理论。认知心理学的研究发现，如果要使信息保持在记忆中并与记忆中已有的信息联系，学习者必须对材料进行某种形式的认知重组或精制加工，以此来达到提高记忆效果的目的。

精制认知的有效方式之一是向他人再次呈现、解释材料，这在合作学习教学中为学生之间互教互学提供了大量的机会，使他们在交互作用中对学习材料进行了一次精加工，同时还能从他人身上学习到处理材料的方法。

（二）教育学理论基础

1. 建构主义学习理论

建构主义也称为结构主义。建构主义学习理论认为，学习过程不是学习者被动地接受知识，而是积极地建构知识的过程；学习不单是知识由外向内的转移和传递，更是学习者主动地建构自己知识经验的过程。也就是说，学习的结果不是学生接受了知识，而是学生个体知识经验得到了提升。学生在教学情境中并不是被动地接受或服从，而是在已有经验的基础上，对来自外部的教学影响的主动建构。学习环境需要合作与交互的氛围。基于这种对学习的理解，建构主义学习理论非常强调主体与周围环境的交互作用，认为这种交互作用对于学习内容的理解，即对知识意义的建构起着关键性的作用。学生在教师的组织和引导下在小组内一起讨论和交流，共同建立起学习群体并成为其中的一员。大家在这样的群体中共同取长补短，共同分析和评论，共同提高和进步。通过这样的小组合作学习建立真实的学习情境，参与团体性的实践，使学习者在与学习团体的广泛交往中建立起知识和技能，建立起个体对自我的广泛的社会认同。

2. 人本主义教学思想

人本主义教育理论认为，教学活动应以学生为中心，教师的主要任务是帮助学生理解自我和经常变化的环境，帮助他们最大限度地挖掘自己的潜能。其代表人物罗杰斯认为，学习和自我的关系十分密切，人的主动性是通过内部控制才得以实现的。合作学习正是要创造这种有利于发挥学生潜能的学习情境，从而使学生自主性学习能力得到充分发展。

3. 课堂教学理论

任何教学活动都是由教师的教和学生的学所组成的一种双边活动，教师在教学中处于"主导"地位，学生则处于"主体"地位。只有全面调动学生学习的积极性，才能充分发挥教师的主导作用，提高教学的质量。

（三）体育学理论基础

学生掌握任何技术动作都需要经历一个由不会到会，由不熟练到熟练，由不巩固到巩固的发展过程。这一过程有自己的发展规律，可分为"泛化""分化""巩固""自动化"四个时相。每个时相并不能严格区分开来，而是相互联系和相互交错，共同构成一个统一完整的过程，是波浪式的前进，螺旋式的上升。不同阶段的技能学习各有特点，在动作技能教学中，根据动作技能形成的不同阶段而采用不同的教学模式与训练方法，才能收到事半功倍的效果。

二、合作学习教学模式的优势

（一）合作学习教学模式与传统接受式教学模式比较

合作学习教学模式与传统教学中所采用的接受式教学模式有着明显的不同，合作学习着眼于改变学生传统的、被动的、接受式的学习方式，开创积极的、主动的、开放式的学习方式。其既保障了教师在教与学的过程中的主导地位，充分发挥了教师的作用；又为学生营造了一个良好的、合作的学习氛围，以促进学生的全面发展，培养学生健全的个性。

1. 先进的目标观

合作学习主要的教学目标是在使学生的运动技能得到提高的同时，培养学生的合作精神、意识、技巧及社会适应能力，注重学生情感的培养及高水平的思维和各方面的能力，使学生的知、情、意、行得到全面发展。而传统学习仅仅强调通过运动技术的学习达到掌握知识与运动技能的目的。

2. 丰富的形式观

合作学习采用了班级授课（课堂教学）与小组活动相结合的教学组织方式，兼顾了学生个体性与集体性的双重特征，把个别化与人际互动有机地结合在一起，强调以集体授课为基础，以合作学习小组活动为主体形式，力求体现集体性与个体性的统一。合作学习中的课堂讲授是以合作设计为基础的，讲授过程也力求简要清晰，时短量大，高效低耗，有着较强的研究性、探索性，同时为小组活动留有足够的空间。而传统接受式教学中仅仅采用课堂教学。

3. 特有的情境观

合作学习者认为，组织学生学习的情境主要有竞争性的情境、个体性的情境、合作性的情境三种。在合作性的情境中，学生在既有利于自己又有利于他人的前提下进行学习。在这种“双赢”的情境中，学生会意识到个人目标与小组目标之间是相互依赖的关系，只有在小组其他成员都成功的前提下，自己才能获得成功，小组成员之间是“共同进退”的关系。在一个理想的课堂里，所有的学生都应学会如何与他人合作，为趣味和快乐而竞争，自主地进行独立学习。合作学习并不排斥竞争与单干，在适合时宜时，竞争和个体活动能够增益于合作学习。也就是说，合作学习在突出合作的主导地位的同时，并没有否认竞争与个人活动的价值，而是将之纳入教学过程中，使它们兼容互补，相得益彰。合作学习将合作、竞争和个人行为融为一体，进行优化组合并加以利用，符合教学规律和时代的需求，是对传统教学中单一竞争格局和教学情境的重大变革。

4. 合理的评价观

传统的教学评价强调的是常模参照评价，关注个体在整体中的位置，热衷于分数排队，比较强弱胜负，是一种定量评价，仅仅注重结果。合作学习将常模参照评价改为标准参照评价，把个人之间的竞争变为小组之间的竞争，把个人计分改为小组计分，把小组总体成绩作为奖励或认可的依据，形成了“组内成员合作，组间成员竞争”的新格局，使得整个评价的重心由鼓励个人竞争达标转向大家合作达标，作到定量与定性评价相结合，既重结果又重过程。

5. 融洽的气氛观

融洽的学习气氛能增进学生间的感情交流，改善他们的人际关系。在合作学习所营造的特殊合作、互助氛围中，组内或组间形成双向或多向交流的局面，学生在朝夕相处的共同学习与交往中，增进了彼此间的感情交流，培养了彼此间的合作精神与意识。而传统教学模式常忽略这点。

（二）合作学习教学模式与传统小组学习教学模式比较

传统小组学习是指在某一学科或某一学科组的教学中，教师根据教学工作的需要，按一定的标准（如年龄、学习兴趣、学习能力或学科等）简单地把学生编入一定的学习小组里，然后分给每个学生一定的学习任务，让学生在一起学习的教学形式。传统小组学习实际上是一种分组教学，其目的在于以最佳方式为学生提供各种学习与锻炼的机会，使教学达到最优化。

根据合作学习的五要素理论（积极的相互依赖、面对面的促进性相互作用、个体责任、人际交往技能、小组加工）可知，传统的小组学习与合作学习有着本质上的区别。例如，把几个学生集中起来，安排在一个教室里让他们学习同一内容，这是小组学习但它并不一定是真正意义上的合作学习。让一些人共同在一起学习，这样的小组也并不一定就是合作学习小组。只有当合作学习的五个要素在小组学习的过程中完全得到贯彻和落实时，有效的合作学习活动才能发生，它的教学效果才能得到充分的体现。可见，合作学习区别于传统小组学习的一个最明显特征就是对决定合作性学习效果的五要素的认真贯彻。

从小组组成及活动来看，传统小组（如兴趣小组）往往是同质小组，而合作学习小组则主要是异质小组。异质小组通常是由性别、学业成绩、能力倾向、民族等方面不同的成员构成，成员之间存在着一定的互补性。同时，全班各合作学习小组之间又具有同质性。组内异质为互助合作奠定了基础，而组间同质又为保证全班各小组间展开公平竞争创造了有利条件。

从教师在学习过程中所承担的任务和角色来看，在传统小组学习中，教师作为知识的“权威”而存在，教学的任务和重点是在“教”的过程上，很少对学习中“学”的活动进行观察与干预。而在合作学习中，教师不仅要管“教”，同时还管“导”，既要进行讲授，引发学生的学习兴趣和学习动机，促使每个学生获得最大限度的发展；又要善于跟学生进行交流，协调各小组的活动，对学生和小组进行认可或奖励。教学的重点转移到学生的“学”这一面，教师指导并介入小组活动使得教师的角色发生变化。教师成了“管理者”“咨询人”“活动的参与者”，而不再以“知识权威”“知识裁判”“知识信使”而自居。

从学习的时间分配来看，在传统小组学习中，学习的全部时间是用在学习具体材料和内容上的，教师和学生没有安排必要的时间来对学习结果绩效的高低和学习方法的好坏进行评议；而在合作学习活动中，教师为学生安排了必要的活动和时间用于学生开展小组评议，并通过评议，分析小组是否发挥了良好的作用，各个成员是否运用了协作技能来促进学习及维持组内良好的合作关系。

从以上的比较可知，合作学习与传统的小组学习有着非常明显的差异。我国学者盛群力归纳出合作学习的十大特征：①组内异质，组间同质；②目标依赖，利益一致；③责任明确，义务感强；④参与度高，沟通面广；⑤集体奖励，共享成功；⑥公平竞争，合理比较；⑦角色轮换，分享领导；⑧既有“帮助”，又有“协同”；⑨过程评议，注重实效；⑩学生自主，老师促进。

这两种学习模式也有很多共同的地方，第一，学习活动都是以小组的形式来展开的，即按一定的标准把学生编成一定的学习小组来组织学生进行学习活动，其目的都在于以最佳的方式为学生提供各种学习机会，使教学效果达到最优化；第二，它们都强调发挥学习者在教学活动中的主体性作用，都具有自主学习、探究学习的特征；第三，这两种学习都采用集体教学与个别教学相结合的方式，在一定程度上是对班级授课制的变革与创新。

三、合作学习教学模式在高校体育教学中的应用

（一）构建以大学生为主体的学习共同体

所谓学习共同体是为完成真实任务，学习者与其他人相互依赖、探究、交流和协作的一种学习方式。在高校体育教学中构建学习共同体，就是要突出大学生的学习主体性，促进大学生主体、大学教师主体等各类主体之间相互依赖，通过交流与协作完成教学目标，实现大学生的发展。

1. 高校体育教学中学生的主体地位

要改变高校体育教学中的问题，必须突出大学生在体育锻炼中的主体地位，提升大学生的学习主体性，增强大学生参与体育活动的主体意识和创新能力，使其主动地、创造性地获取运动经验，并促进其生理反应、身体素质和心理倾向性较持久的变化。

当代大学生中有一部分学生参与体育锻炼的主体意识非常淡薄，这类人包括部分女大学生和运动能力差的学生。因此，要增强大学生体育运动的主体性，首先就要激发他们主体意识的形成，使他们形成参与体育活动的内驱力，在相应的活动内都表现出一种稳定的心理倾向。让体育活动、体育锻炼成为他们生命的存在形式，成为他们稳定的内在需求。当所有的大学生都自觉自愿地组织并参与多彩的体育活动时，当体育锻炼成为大学生文化的必要组成时，高校体育教学的使命才能真正达成。

2. 高校体育教学中教师的主导地位

在高校体育教学中发挥学生的主体地位，并不意味着教师地位的降低，而是将教师的主体性转变为主导性，建立一种教师为“主导”，学生为“主体”的教学模式。大学阶段是人生中的重要转折阶段，大学教师的引导对于大学生一生的发展都有着不可忽视的作用。如果没有体育教师的参与和引导，大学生的体育活动就没有明确的方向性，就不能保证大学生掌握体育基础知识和基本技能，不能打通大学生的知识世界与生活世界，更不能保证大学生的合作能力和创新能力等多种能力的协调发展。由于年龄特点，大学生的各项学习和活动的开展仍需要受到教师的监督，比如学习主动性和积极性的激发。然而，教师的主导地位绝不

意味着教师在教学过程中是“给予者”“决定者”等角色，而应是“激发者”“促进者”“协调者”“辅导者”等角色。

3. 促进高校体育教学中主体间的交往与合作

将高校体育教学置于主体的范畴下探讨具有时代意义。主体间教育指在教育、教学活动中，和谐共处的教育主体共同作用于教育客体而构建的主体间的关系属性。在高校体育教学中建构主体间的关系，主要指的是学生与教师主体间、学生与学生主体间的交往与合作。一方面，体育活动的顺利进行并非取决于运动项目本身的特点，而是取决于活动主体之间的关系。在体育课堂上、在课外体育活动中，只有教师与学生都主动地进行交流与合作，通过良好的交往与合作，才能达成共识、增进理解、促进融合。另一方面，体育活动中师生之间的交往建立在传递基础知识和基本技能的基础上，但同时教师还应帮助主体间建立情感、信念、意志、道德等方面的共识。

4. 高校体育教学由课堂内向课堂外延伸

高校体育教学不仅包括体育课堂内的活动，也包括大学生在大学校园生活中自觉、自发、自愿组织和参与的各类体育活动。这实际上是终身体育理念的一个组成部分，即促使大学生的学习由课堂内的知识世界转向课堂外的生活世界。通过这种延伸要实现两种目标：心理健康目标和社会适应目标。心理健康目标包括大学生能根据自己的能力设置体育学习目标；自觉通过体育活动改善心理状态、克服心理障碍，养成积极乐观的生活态度；运用适宜的方法调节自己的情绪；在运动中体验运动的乐趣和成功的感觉。社会适应目标包括表现出良好的体育道德和合作精神；正确处理竞争与合作的关系。

（二）基于活动的合作学习方式

合作活动学习就是以合作为学习生命的存在形式、以活动为学习生命的优化形式的多样合作与多样活动融合创新的教学实施方式。在高校体育教学中实施合作活动学习，就是要建立一个完整的教学过程，形成一种新的教学实施形式，包括学习目标具体化、学习内容结构化、学习过程协作化、学习环境生态化和学习结果反馈化五个方面。其操作体系以学生交往的内外活动为主。

1. 学习目标具体化——设定合作基调

学习目标具体化，是指在学习活动开始前就应预设并明确活动结束时可能产生的结果或行为。而在体育教学的合作活动学习中，体育教师和大学生这两类主体应该在活动开始前设计明确的知识目标、技能目标、情感目标等教学目标，且要明确设定体育活动的合作基调。体育教学的过程和结果与普通文化课教学的有很大区别，具体体现在教学环节的连续性、课堂活动的主体参与性以及教学效果的实时反馈化方面。

高校体育教学要实现两种任务，即促进大学生的身体发展和促进其心理发展的双重任务。在此基础上，再编制高校体育教学中的五领域学习目标，具体如下所述。

（1）运动参与目标。积极参与各种体育活动并基本形成自觉锻炼的习惯，基本形成终身体育的意识，能够编制可行的个人锻炼计划，具有一定的体育文化欣赏能力。无论是课堂内的体育活动，还是课堂外以学生为主体组织的各类体育活动，除了要实现上述基本目标之外，还应使学有余力的学生和有某些运动特长的学生的锻炼习惯、健身运动计划、体育文化素养和观赏水平进一步得到提升。

在运动参与目标的指导下，课堂内外的各项活动均应围绕着培养和激发大学生的参与意识和主体意识来展开，而且这类活动要以主动参与合作型的集体活动为基调。因此，应突出参与合作活动的目标并加以详细说明，形成体育教学活动化、合作化的模式。

（2）运动技能目标。熟练掌握两项以上健身运动的基本方法和技能；能科学地进行体育锻炼，提高自己的运动能力；掌握常见运动创伤的处置方法。在此基础上，同样要使学有余力的学生和有某些运动特长的学生积极提高其运动技术水平、发展运动才能、参加有挑战性的体育活动，如野外拓展活动、运动竞赛等。

要使大学生明确运动技能的形成并不能只靠自己来完成，而是要通过与其他主体的交流、互动与密切合作才能实现。运动的魅力来自其主体之间、主体与客体之间的交往。因此，高校体育教学的运动技能目标中应突出通过合作发展运动技能的特点。

（3）身体健康目标。能测试和评价体质健康状况，掌握有效提高身体素质、全面发展体能的知识与方法；能合理选择人体需要的健康营养食品；养成良好的行为习惯，形成健康的生活方式；具有健康的体魄。

（4）心理健康目标。根据自己的能力设置体育学习目标；自觉通过体育活动改善心理状态、克服心理障碍，养成积极乐观的生活态度；运用适宜的方法调节自己的情绪；在运动中体验运动的乐趣和成功的感觉。

体育活动、体育锻炼除了能提高和发展人的身体素质之外，最重要的贡献在于其对人的心理因素的影响。高校体育教师有责任引导大学生提高其对运动的热爱，使大学生形成积极乐观的生活态度，提升大学生不畏困难险阻的顽强意志品质；使大学生通过运动来释放和调节自身的各种压力，通过彼此之间的交流与合作提升自身对社会群体生活的适应；让大学生体验到运动的魅力并养成自觉自愿地锻炼的习惯，使之成为其生活的组成部分和存在形式。

（5）社会适应目标。表现出良好的体育道德和合作精神；正确处理竞争与合作的关系。大学生在结束学习生涯后所面对的社会生活充满了激烈的竞争，只有良好的主体间的合作才能使结果最优化、利益最大化。因此，体育活动可以让大学生明白竞争是活动的重要形式，可以激发各主体的主动性、调动各自的积极性和强烈的求胜欲望，有利于最大限度地激发主体的潜能、提高学习与工作的效率，有利于促使主体在竞争与比较中客观地进行自我评价，发现自己的局限性并加以改进和提升。而合作是活动的基本形态，只有各主体间产生良性的合作，才能使得活动整体呈现出良好的态势，促使团队集体实现其价值。

总之，教学目标决定着教学内容的选择和各个内容模块的分量，决定着教学评价的方式。

2. 学习内容结构化——以任务为导向

以任务为导向，即在体育教学中建立问题解决模式，使学生从做中学，保证大学生拥有并利用丰富的学习机会，真正获得学习经验。问题解决模式是多种具体教学方式的集合体，包含着“以问题为定向、以探究为过程、以解决为目的”的共同特征。

以任务为导向的学习还包括学生走出课堂、走出教学场域、走向校园、走向社会、回归生活世界。通过同伴活动、社区活动等其他社会活动，主动建构认知结构，完善大学生的心理适应能力，提高其心理健康水平，塑造学生的整体人格。

高校体育教学的重要转变就在于改变大学生的学习内容和学习方式，真正使大学生的体育锻炼以活动为主要形式、以任务（问题）解决为主要内容。结构化指的是课堂内和课堂外均要形成大学生解决问题的活动方式和内容。

3. 学习过程协作化——掌握合作技能

要使整个学习过程在基于活动的合作中进行，建立高校体育学习共同体。教师是体育活动的观察者、激发者、促进者、协调者、辅导者，而学生是学习的主人，可以决定学习的内容、学习的方式、学习的环境等，师生之间是民主、平等和合作的关系。通过师生之间、生生之间建立良好的合作，促使大学生发展其运动参与性、运动技能、身体素质、心理健康和社会适应性。

4. 学习环境生态化——走向生活世界

合作活动学习要为高校体育学习共同体创设一个生态化的体育学习环境。在这个生态化的体育学习环境中，要能够为大学生提供足够的“学习化”的课程资源。在高校体育活动中，大学生的学习面临着两种基本的关系：与自身的内在关系和与社会的外在关系。与自身的内在关系是指大学生应对内建构独特的自我经验；与社会的外在关系是指大学生在合作活动中建构社会经验。因此，合作活动学习的生态化环境有两种相互关联的基本形式：内生的自我环境和外在的文化环境。自我环境包括神经生理基础和心理人格结构与特质，外在的文化环境包括作为“个”与“类”的人以及作为文化的物。

在打通知识世界和生活世界的过程中，应使大学生实现心理健康目标，即能根据自己的能力设置体育学习目标；自觉自愿地通过体育活动改善心理状态、克服心理障碍，养成积极乐观的生活态度；运用适宜的方法调节自己的情绪；在运动中体验运动的乐趣和成功的感觉。还要实现社会适应目标，包括表现出良好的体育道德和合作精神、正确处理竞争与合作的关系。

5. 学习结果反馈化——提高活动质量

在合作活动学习中，教师担负着“观察者”的职责，在学生的合作活动中仔细观察、适时介入、整体监控，以帮助学生实现顺畅的交流与合作。体育教师应随时发现大学生在活动中的困难和问题，并指导他们找到相关信息，减轻或消除活动中的消极因素，展示要完成的任务范例，示范怎样实现小组目标。

四、合作学习体育教学模式的评价体系

要构建高校体育教学的合作活动学习评价体系，应从评价主体、评价标准和评价过程、评价内容四个方面展开论述。

（一）体育教学评价主体的多元化

高校体育教学的评价主体有专家评价、教师同行评价、教师自评和学生评价。一般而言，体育教学评价活动可以采用一种评价方式，也可以是几种形式的组合，其中传统的体育教学以教师自评为主。但在合作活动学习中，评价主体不再只是教师，而是从传统教授式课堂中的教师主体向学生主体转移。实行学生主体参与合作活动学习的评价，包括两个方面：一是学生参与评价标准的制订与确立，即体现创新性和合作性的活动目标；二是开展自我评价与同伴评价，主要评价同伴在活动过程中是否学会学习、学会合作。由外部的教师评价转向内部的自身评价，学生脱离了对外部反馈的依赖性，变得更为独立、更有责任感。

（二）体育教学评价标准的整合性

从评价标准上讲，高校体育教学中的合作学习应坚持评价标准的整合性，即以学生的群体表现为基础，群体表现与个人表现相结合，运动能力与合作技巧相统一。

由于每个学生的运动技能水平和优势运动项目具备差异性，对个人表现进行评价时要求评价标准也相应实现差异性和个别化。同样，不同群体是由不同的个体所组成的，也有其差异性和独特性。因此，对每个合作的群体表现和个体表现进行评价时，都应选取一个合适的标准。“最近发展区”的理念可以成为指导理念。学生的发展有两种水平：一是现有水平，二是通过活动可能达到的发展水平，即潜力。在通过创设一定的教学活动情境和内容后，学生可以很顺畅地达到这一发展水平值时，

那么，把这一可能的发展水平值与现有水平值之间的这个区域叫作“最近发展区”。因此在体育教学中，应该着眼于第一名大学生运动水平的“最近发展区”，为他们提供有一定挑战和难度的任务和内容，充分调动大学生的积极性、挖掘其潜能，在实现了一个“最近发展区”之后再向下一个“最近发展区”发起挑战。

（三）体育教学评价过程的多元化

合作活动学习坚持多元化的评价方式，即依据评价目的、评价标准和学习情境开展形成性与总结性评价相结合、过程性和终结性评价相结合的方式。而其根本价值偏向则是形成性和过程性评估占据主导地位。高校体育教学应明确教学的目标绝不仅是学生基础知识和运动技能的获得；也绝不仅是在每次课结束时或者学期结束时，对学生的最终表现进行打分，而是要考察学生在整个运动过程中是否能积极参与，是否能自觉自愿地发起并组织体育活动，是否能在活动过程中与其他主体间进行良好的沟通与合作，是否能对自己和他人的活动水平和活动方式进行良好的监控和指导，是否体验到运动带给他们的快乐和成功。因此，在高校体育教学评价活动中，应偏向于采用形成性评价和过程性评价，考察每一位大学生的个性化的发展和变化。

（四）体育教学评价内容的多元化

高校体育教学评价应从以下几个方面对大学生的体育活动表现进行全面的评价：运动参与度、运动技能的提升、身体健康的改善、心理健康的发展和社会适应程度；应重视包括体能与运动技能、认知、学习态度与行为、交往与合作精神、情意表现等方面的评价；评价中应淡化甄别、选拔功能，强化激励、发展功能，并把学生的进步幅度纳入评价内容。

第三节 “三自主”体育教学模式

一、“三自主”体育教学模式概述

在改革开放以前，高校体育教学内容在很长一段时间内主要以竞技项目为主，发展学生基本运动能力和健身的内容却不多。而且这些项目技术一般要求较高，使天性好动的学生望而生畏，最终导致学生主动锻炼的积极性降低。随着社会的发展和教育的进步，个体的需要与价值受到了很大的重视。在人本主义教育思想的倡导下，学校以育人为宗旨，学生的体育兴趣、爱好、情感等个人需要受到重视，这也体现在学校体育的内容中。学生对体育的认识也随之发生了极大的改变，他们清楚地认识到：在未来充满竞争的社会里，体质的好坏起着重要的作用。所以，他们的观点由原来上体育课不过是掌握一点技术逐渐转变成要掌握增进健康的锻炼方法，为今后的学习、工作与生活打下良好的身体基础。由此可见，高校体育教学内容中仅仅以竞技运动项目为主的教学模式已难以适应新世纪体育教育要求。长此以往，不仅影响学生的身体发展，而且影响体育目标的实现。无论是在学生体质健康状况的眼前效应上，还是在体育锻炼习惯和终身体育思想的长远效应上，都与体育教学目标有差距。

在推行素质教育的今天，随着全民健身体系的建立与体育法制的逐渐完善，高校体育改革呈现出勃勃生机和多元化发展趋势。为满足大多数学生身心发展的需要和大学的特色教育，体育在高校中进行了一系列的改革与创新。教育部在2002年8月颁布了《全国普通高等学校体育课程教学指导纲要》(以下简称《指导纲要》)，标志着高校体育课程改革迈出了新的一步。《指导纲要》在课程目标、课程结构、课程内容、教学方法与课程评价等方面提出了新的要求，核心内容则是“三自主”体育教学——在教师的指导下，学生应具有自主选择课程时容、自主选择任课教师、自主选择上课时间的自由度，打破了传统的体育教学课程模式。“三自主”体育教学模式是在高校这一特定的氛围和环境中，以学生为主体、教师为主导，以促进大学生全面发展为目标，以身体锻炼为手段，以各种体育知识为主要内容，在体育教学和科研管理过程中形成的物质和精神成果的总和。

“三自主”体育教学模式的实施既是高校体育改革的亮点，也是高校体育改革的难点。亮点在于“三自主”体育教学模式有利于充分调动学生学习主动性和积极性，有利于学生结合自身体育兴趣，形成运动爱好和体育专长，树立终身体育意识，形成终身体育锻炼的习惯；难点在于

“三自主”体育教学模式对体育教师、体育管理以及学校体育场地设施提出了更高要求。

二、“三自主”体育教学模式的发展

20 世纪 80 年代中期，高校体育选项课成为我国高校体育改革的成果之一，自从 20 世纪 90 年代国家教委颁布了《普通高等学校体育教学指导纲要》之后，各个高校相继开展了选修课与专选课，即学生自己选择体育项目进行学习，这是可以说是“三自主”体育教学模式的前身，该模式取得了一定的效果。但由于在实践过程中受诸多因素的影响和制约，该模式出现了很多弊端，已经跟不上时代发展的步伐了。为了深化高校体育教学改革，全面推进素质教育，在“健康第一”思想的指导下建立“以人为本”的理念，在培养“终身体育”意识的背景下，2002 年 8 月，教育部颁布的《指导纲要》中明确指出，根据学校教育的总体要求和体育课程的自身规律，应面向全体学生开设多种类型的体育课程，可以打破原有系别、班级建制，重新组合上课，以满足不同层次、不同水平、不同兴趣学生的需要。在教师的指导下，学生应具有自主选择课程内容、自主选择任课教师、自主选择上课时间的自由度，简称“三自主”，这是新《指导纲要》对“三自主”体育教学内容的具体描述。“三自主”体育教学是在新一轮高校教学改革的背景下产生的，“三自主”体育教学已成为新时期高校体育教学的新趋势。

通过实践发现，新兴体育项目、趣味性强的项目受学生青睐，男女选课具有明显的倾向性，一些传统的项目受到冷落。“三自主”选课不仅满足了学生个性发展需要，还提高了学生学习的主动性和积极性。选课制为不同系别、不同专业、不同性别的学生加强交流、相互学习创造了条件，促进了教师专业发展。

第四节　多媒体网络体育教学模式

对于多媒体网络教学尚未有统一的定义，笔者通过对相关文献资料的查阅、总结与对相关专家的拜访，将多媒体网络教学定义为：充分将最先进的计算机网络技术和多媒体技术有机组合进行教学的一种全新的教学方式；是多媒体技术在互联网络技术支撑下的实施，将枯燥、乏味的课堂知识形象地体现在声音、图像、影视、动画中，通过计算机网络技术的运用，实现真正交流、讨论的教学方法。

多媒体网络教学是远程教学的一种，根据主要媒体与信息技术的发展归类，多媒体网络教学属于第三代远程教学。多媒体网络教学是现代计算机网络技术与多媒体技术发展到一定程度而诞生的产物。我国学者丁兴富对应用于教学的三代信息技术和三代远程教育的分期作了详细的归纳与总结。自20世纪90年代至今，伴随着计算机网络技术与计算机多媒体技术的产生与发展，双向交互的电子信息通信技术得以实现，从而使得教学的过程更为开放灵活。因此，新技术的产生与发展使得多媒体网络教学应运而生。

一、多媒体网络教学模式的优势与特点

（一）多媒体网络教学模式的优势

多媒体网络教学给人们提供了一种全新的教学模式，多媒体网络教学平台的建立为学习者搭建了一个资源丰富的知识平台，提供了更多的学习机会以及更为全面的信息资源。多媒体网络教学使教学活动发生了新的转变，由原本单纯的知识“传授”转向为更加重视培养学生创造精神和实践能力，同时为终身学习的体制奠定了良好的基础。多媒体网络教学打破了传统教学模式中时间与空间的限制，具有很强大的时空优势。多媒体网络教学让教育资源的共享变为可能，通过多媒体网络教学平台可以实现信息与设备的共享的最优化，使整个教学过程得以顺利地进行，从而更好地完成教学目的。

现代互联网络的发展已经覆盖了全球，通过互联网人们可以将世界各国的教学资源进行整合，实现全球资源的共享，与世界领先的教学同步，真正令全球教育一体化。这样一来，即使处于教育相对落后，师资力量不足、教学资源匮乏的经济欠发达地区的人们，也可以通过多媒体网络教学平台进行最新、最全面的学习，掌握最新的教学资源。但凡有网络与电脑的地方，就可以随时随地进行自主学习，获取最新、最全面的知识。

多媒体网络教学为学习者提供了个性化的学习空间。传统教学的主

体总是围绕着教师、书本以及课堂三方面来进行，这样一来便阻碍了学生学习的自主能动性，使得学生的个性化学习成了空谈。多媒体网络平台的推广为现代化教学开辟了全新的途径，其整合了世界各地知名的高校、研究机构、图书馆等多个权威机构的信息资料，为学习者提供了一个十分庞大资料库，使学习者能够更好地掌握最新数据以及最新的学习材料。与此同时，学习者还可以通过多媒体网络的交互技术实现双向交流，在线得到相关教育专家所提供的具有针对性的“个性化”学习指导。

多媒体网络教学中最为核心的方面还有多媒体技术在教学中的应用，正如前面多媒体网络教学的定义中所提到的，其实就是多媒体技术通过网络形式的传递与应用的一种教学技术。通过多媒体网络教学平台将文字、图像、影音、动画和其他多媒体教学软件进行有机的整合与优化，并实现对现实教学环境的模拟，这样便更有利于学生直观地进行学习，有利于学习者的理解与记忆。通过多媒体网络通信技术的交互技术，例如网络直播讲座、电子邮件、电子公告板、即时通信软件等计算机信息技术来完成教学活动。

（二）多媒体网络教学模式的特点

通过文献资料法，笔者现将多媒体网络教学的特点总结如下：

1.多媒体网络教学具有更为灵活的教学时间

多媒体网络教学借助现代化的互联网络技术与多媒体技术打破了传统教学授课时间与场地的限制，学习者只需要使用计算机设备，通过互联网络的连接对多媒体网络教学平台进行访问就可以随时随地进行自主化学习，这样一来就可以合理地安排自己的学习时间。

2.多媒体网络教学的教育资源丰富

多媒体网络教学通过现代互联网络技术可以很好地实现全球化的资源共享，互联网中拥有大量而全面的教学资料，学习者可以从中选择适合自己的课程来学习，并可以轻松地获取最新、最全面的资料。这样便使学习不再受到书本的限制，可以更好地开拓学生的思维。网络资源具有很强的时效性，网络教育资源信息更新及时，学生也可以实时地获取最新的教育资讯与最先进的前沿知识。

3. 多媒体网络教学具有强大的多媒体性

多媒体网络技术拥有强大的多媒体性，在教学过程中，多媒体网络教学可以应用多媒体技术与互联网络技术提供友好的平台界面，可以将教学内容通过多媒体（影像、声音、动画）方式进行全面的展示与分析，这样有利于学生对教学内容的直观理解，从而加强其对知识的掌握，使得学生能在生动形象的多媒体教学中获取知识。

4. 多媒体网络教学具有很强的交互性

在多媒体网络的实时通信技术下，学生无须与教师见面就可以实时在线和教师进行联系与沟通，及时发现学习中存在的疑问，并及时得到指导和解答。

5. 多媒体网络教学扩大了学术交流的范围

正如上面所提到的，在多媒体网络交互技术下学生不仅可以与教师进行实时交流，也可以通过多种网络途径，譬如网络实时通信软件、电子邮件、电子论坛等方式，甚至还可以通过网络摄像头与相关领域的专家学者进行“面对面”的交流探讨。这样可以更好地开阔学生的眼界，拓宽学生的思维，使其到掌握用最新最专业的知识。

二、高校多媒体网络教学的构成

随着“互联网＋教育”策略的实行，高校信息化进程进展迅速。得益于“百区千校万课”和信息技术与教育深度融合示范培育推广计划等，高质量的高校线上课程越来越多，教育部面向全国高校免费开放1291门国家精品在线课程。这些丰富的数字化课程资源为高校体育混合式教学的实施奠定了坚实基础。

高校体育是一门实践性很强的课程，虽然强调了线上理论学习的重要性，但其根本是要学生在现实中进行体育锻炼实践以达到强健体魄的目的。对于体育教学来说，合适的运动场地是必不可少的，设施完备的足球场、篮球场等专业运动场地对体育教学来说是必须具备的，也是做好混合式教学的根本保障。

体育教学与其他学科的不同之处，主要体现在体育实践教学是以师生思维活动为基础，以身体活动为主要手段来传授掌握知识、技术、技能。利用这一特点，教师可以借助多媒体计算机网络具备的强大的多媒体教学信息资源优势，使体育教学活动由传统的教学模式向网络教学模式转变，逐步构建一个功能完善的多媒体网络教学平台。网络体育教学模式由以下几个角色组成。

（一）体育教学目标

任何教学活动都离不开教学目标，在网络上实施教学活动必须要追求预期的教学结果，它是多媒体网络教学模式运行的风向标。根据教育方针和学校体育的总目标，我国现阶段的任务是向学生传授体育、卫生保健知识和体育技术、技能，促进健康，增强体质，发展学生身体素质，培养学生运动能力和良好的思想品德。这一目标在多媒体网络教学中也同样具有广泛的应用价值。

（二）网络技术基础环境

网络技术基础环境是实施多媒体网络教学所必须具备的前提条件，因特网、广域网、局域网、高校校园网络以及各种硬件设备的性能，信息传输的条件等都制约着多媒体网络体育教学模式的展开。与传统体育教学模式相比，良好的技术环境可以使体育教学活动形式得到全方位的开展，它本身也体现了网络教学独有的特点。

（三）“人”与“机”角色之间的关系

“人”与“机”角色之间的关系是多媒体网络体育教学模式的重要构成因素，“人”即教育者和学习者，“机”指多媒体设备、网络设备等技术环境，人机角色关系包括师生关系和师生与计算机网络之间的关系。在体育教学过程中，教师—计算机—学生形成了一个特殊的教学关系。在这样的教学环境中，教师、学生以计算机网络为媒介形成了新的教学模式和师生关系。与以往的教师和学生面对面地进行教和学教学模式不同的是，教师和学生可以不面对面地直接接触，教师通过网络把自己需要讲授的知识传递给学生，而学生则通过网络学习教师发布于互联网上的知识。同时，不同地区、不同学校、不同体育教师对同一知识有各自的理解和感受，将这些理解和感受发布在互联网上，学生在学习时可有多种选择，有利于学生对知识的理解和掌握。

三、高校多媒体网络体育教学模式的推行

（一）多媒体网络教学平台在高校体育教学中的推广

1. 高校体育多媒体网络教学平台的基本结构与工作原理

多媒体网络教学平台采用最新的B/S（浏览器/服务器）结构，该结构的特点如下：客户端所应用的环境为标准化通用的Web浏览器，所有应用程序均存储在Web服务器上，需要时可直接下载。这样的结构更加易于管理和维护，因客户端无须专用软件，当对网络应用进行升级时，只需更新服务器中的软件即可。这样的结构具有良好的扩展性、开放性，B/S结构采用标准的TCP/工P通信协议，学校可根据自身的发展需要随时对系统进行扩展。

多媒体网络教学平台的管理者和高校体育教师可以通过浏览器对存放在服务器端的内容进行更新与维护，并将最新的体育教学资源上传至服务器端，同时可与学生实现在线答疑，并可对学生作出体育运动指导。服务器由Web服务器和数据库服务器组成。其中Web服务器存放系统的各种应用模块，完成客户的应用功能，接收客户端用户的请求，并将其转化为数据库请求后与数据库服务器交互，并将交互结果以Web页面的方式下载到浏览器中，用户即可观察到请求结果。数据库服务器存放系统所需的数据库及其管理软件，根据Web服务器发来的请求进行数据库操作，并将结果传给Web服务器。

2. 高校体育多媒体网络教学平台的支撑环境结构

多媒体网络教学平台在高校体育教学中的推广，离不开平台环境的建设。根据《现代远程教育资源建设技术规范》中关于现代远程教育教学支撑系统，我们提出了高校体育多媒体网络教学平台的支撑环境结构。

3. 高校体育多媒体网络教学平台中模块的应用

高校体育多媒体网络教学平台是基于互联网络开发的一种用于高校体育教学的系统集合，它既是高校在校学生进行自主化、个性化学习与交流体育知识的平台，也是日常高校体育教学的有效辅助功能的载体。

根据高校体育的特点设计的高校体育多媒体网络教学平台，在推广过程中应当至少具备以下模块：

（1）体育资源信息模块。

该模块主要作用是整合互联网络中最新的体育信息资源。通过“机器蜘蛛程序”（Computer Robot）将互联网络中各大体育资讯网站的最新体育资讯及信息资源进行检索并发布于该模块内，供学生与教师获取最新的体育资讯与资源信息。高校学生及教师可以通过该模块了解最新的相关体育资讯，同时可以在线观看各种大型体育赛事的视频；学校也可利用此模块发布有关学校最新的相关体育资讯。

（2）体育教学模块。

该模块是高校体育多媒体网络教学平台的核心模块，所承担的主要职能是高校体育教学过程的展示与辅助。体育教学模块包含课程的简介、电子教材、授课教案、多媒体网络课件、直播教学、授课录像（包括精品课程展示）、课程资源收集等子模块。通过体育教学模块，教师将授课的信息资源进行编辑上传，学生可以通过此模块进行体育课程的了解，自主地进行体育学习。该模块中的多媒体网络课件还可以对体育授课过程中所出现的难度较高的技术动作进行直观化的多媒体动画展示，以便于学生更好地理解与掌握动作要领。通过直播教学可以远程在线观看体育教学过程，其他体育教学资源相对滞后的院校也可以通过该子模块进行体育课程共享学习；而授课录像有利于学生课后的复习与加强记忆。

（3）即时通信模块。

即时通信模块是实现教学过程中教学信息即时沟通的主要系统，可实现教师与学生间的即时信息沟通，及时为学生答疑解惑与在线指导。同时也是专家与体育爱好者进行指导交流的主要平台。

（4）交流平台模块。

该模块主要作用是通过电子公告板、论坛中心、E-mail 以及在线交流软件实现对于体育运动知识的交流与探讨。

（5）功能设计模块。

该模块是用于高校教师与学生上传与下载体育相关资源与信息的地方。

（二）多媒体网络教学平台在体育教学中推广的优势

1. 有利于体育教学中教学内容的直观化展示

在传统的高校体育教学过程中，体育教师对于技术动作的传授主要还是通过动作分析讲解和亲身示范来完成的，但在这一过程中许多具有难度的技术动作是在一瞬间完成的，学生无法形象地体会与领悟该技术动作的要领，因此教师在此方面的教学就会受到传统教学方式的制约。而在体育教学中应用多媒体网络教学技术将很好地解决这一问题。通过多媒体技术进行影像的定格与慢放以及FLASH技术的应用，可以很好地呈现出所要讲述的技术动作，使学生很快就能直观地理解与掌握。在体育理论教学中，同样可以利用多媒体网络教学技术将一些原文字化的内容进行展示，这样不仅给空洞的文字教学赋予了新的生命，也提高了学生的学习兴趣。教师通过摄影摄像器材把学生上课的技术动作环节作为影像记录，上传到计算机设备上，运用多媒体技术制作成可以分解与慢放的影像在学生学习的过程中进行播放，指导学生进行自我评价与集体评价，可以起到良好的教学反馈效果。

2. 有利于体育教学过程中教师与学生间的双向交流

多媒体网络教学的特点之一便是实时通信技术。多媒体网络教学平台拥有很强大的信息资源共享功能。教师与学生间的即时沟通有利于体育教学的顺利进行。在传统高校体育教学中，由于授课以班级为单位，学生人数较多，师生间的交流受到一定程度的制约，而通过多媒体网络教学平台可以实现学生与老师间的在线交流互动。通过多媒体网络教学技术的支持，可以让学生与教师实现远程的“面对面”交流。这样可更好地提高教学双方的互动，提高了教学水平与教学效率。

3. 有利于给学生提供个性化学习空间

传统的高校体育教学的教学主体通常是围绕着教师、课堂与教材进行的，由于受到学生数量以及教学时间的限制，高校体育教师很难进行有针对性的个性化教学与教学指导，从而难以实现学生的自主化与个性化学习。通过多媒体网络教学在体育教学中的应用，可以使学生通过多媒体网络教学平台强大的教学资源信息库来进行自主化的学习与个性化的选择学习。这样一来便突破了传统高校体育教学对于时间与空间的限制，真正做到以学生为主体的个性化教学。学生可以通过个人的PC设备与网络连接，通过登录高校的多媒体网络教学平台，全面地进行体育相关知识的学习。

4. 有利于实现高校体育教学信息资源的共享与优化

多媒体网络教学在高校体育教学中的应用为高校体育教学信息资源的共享与优化带了全新的改革创新。多媒体网络教学平台为高校体育教学提供了一个汇集世界各地先进学校、研究所、图书馆等各种信息资源的庞大的资料库。由于网上体育教育资源库的种类有很多种，包含体育教育新闻信息、各类体育教育统计数据、体育教研论文库等方面。在网上，教学内容、教学手段和辅助教学手段、如何进行网络体育教育环境建设（如参观、实验）以及考试等都可以因人、因需而异，其自主选择性强。

5. 有利于提高体育教师的教学效率

在众多高校中，高校体育课程对体育教师的要求是全面的。而在实际情况当中，几乎没有教师能对所有运动项目都有全面的理解，对技术动作的展示做到完美到位。体育教学的开展受到了来自教师年龄、教师性别以及教师个人能力诸多因素的影响。而使用多媒体网络教学平台可以进行规范化的示范教学，从而保证学生接收信息的完整性和正确性。

6. 有利于打破体育教学地域性差异

通过多媒体网络教学平台间的资源共享，可以实现高校间的有效互动；借助多媒体网络平台的即时通信，可以得到千里之外专家的“面对面”指导；通过远程摄像头的使用，可以更好地实现体育课程的远程教学。同样，各地区高校学生间也可以实现即时的沟通与探讨性学习。

第五节　体育复合型人才创新培养

当今世界科学技术的日新月异和国际竞争的日趋激烈，使得人才的竞争和民族创新能力的竞争成为各国之间竞争的根本所在。特别是随着高校扩招，使更多人获得了接受高等教育的机会。但与此同时，高校学生就业问题也日渐凸显，在近年逐步成为社会关注的热点。应该说，引起高校学生“就业难”的原因是多方面的，但与其脱离了社会需求或与社会需求发生错位是直接相关联的。

长期以来，我国高等学校在培养学生创新精神和创造力方面的重视不足，传统的教学观念、教学模式、教学方法，以及考试方法、评价方法都显得陈旧和落后，在很大程度上束缚了学生的创新意识和创造能力，不利于学生的个性发展，也不利于拔尖人才的脱颖而出。在这样的大背景下，高校体育教育应该以改革促发展的精神，以培养方案的制订（修）为依据，以课程体系改革为重点，以良好的教学环境建设为支撑，全面推进人才培养模式改革。

一、我国高校体育复合型人才创新培养方案

（一）方案的设计思路

首先，开展全校范围内教育思想大讨论，正确理解创新人才培养模式。创新型人才培养模式是指以培养创新人才为目标，通过引导学生进行创新性学习和创造性思维，以提高其创新意识、创新精神和创新能力（含实践能力）为基本取向的教育教学内容和方法体系的总称。

其次，根据体育类院校创新人才培养目标的特点，制订出创新人才培养模式的总体原则，编制指导性的创新人才培养模式结构框架。

最后，根据创新人才培养模式的制订原则和结构框架的要求，在充分评估学校师资力量、办学经验、办学条件以及运动训练专业等方面的综合办学力量及资源后，制订出具体的人才培养方案。

（二）方案的设计要点

制订人才培养方案时，高校应始终坚持全面落实科学发展观，全面贯彻党的教育方针和体育工作方针，全面推进素质教育，遵循高等教育和体育发展规律，体现学校的办学优势和特色。高校应依据人才培养目标，将已取得的教学成果经过集成与整合，固化到人才培养方案中，以优化课程体系，探索新的人才培养模式和机制，使学生适应新世纪我国社会主义现代化建设需要，具有创新精神、实践能力和国际竞争力。在培养体系的构建中，按照教育部的要求，应努力做到四个结合，即统一性与多样性相结合、拓宽知识面与保持专业特色相结合、知识传授与学生创新意识和能力培养相结合、业务素质与文化素质培养相结合。然后由各学院组织本学科的专家，结合本专业的特点，编制专业培养方案。

（三）方案设计的指导性框架结构

通识教育课程以培养健全人格为主要目标，包括文学、历史、哲学、艺术、音乐、美术、书法、京剧和奥林匹克运动，由公共必修课和全校通选课组成；学科基础课程以加强基础为主要目标，包括体育生物学科、体育技术学科、体育教育学科以及文学、管理学等学科的科类必修课程；专业课程以拓宽专业口径和增强专业适应性为主要目标，包括涵盖教育部本科专业设置要求的专业必修课程和专业选修课程；实践教学以实践能力、创新能力培养为主要目标，包括课程实习、专业实习、毕业实习、实验教学、社会实践和社会调查、毕业论文等各类实践教学环节；奖励学分以培养学生个性为主要目标，包括学生参与科学研究、学术活动、运动竞赛、发表论文、获得专利、社会实践等各项创新成果。同时，在课程设置中，应对体育技术学科相关专业的学生增加人文教育和科学教育，对非体育技术相关专业的学生增加体育知识教育和运动技能训练，使培养出的学生学术和体育兼修，文武双全，一专多能。

二、体育复合型人才培养教学法

教师和学生为了完成教学任务，实现教学目标而采取的共同活动方式的综合称为教学方法。这意味着教师的教学方法和学生的学习方法，是学生在教师的指导下继续学习知识和掌握技能、促进身体健康与心理健康的共同活动。

体育教学法是指教学方法在体育教学中的有效利用。它是在教师的带领下，以教师和学生为主体，以实现体育教学为目标，圆满完成任务而采取的一整套教学手段和方式。体育教学法的有效使用可以使教师与学生双边升级，从而有计划地开展和组织教学活动。

比赛教学法是根据一定的强度和统一的规则，在一定的竞争条件下完成教学实践的教学方法。比赛教学法在教学过程中使用较为广泛，对其定义大致有以下几种，如比赛教学法是指教师根据教学要求以比赛形式完成任务的教学方式；比赛教学法是指学生在比赛的形式下完成教师规定的教学任务；比赛教学法是在竞争的环境下，用最短的时间掌握最多的技术动作；等等。教师是教学方法的主导者，对方法的储备量和理解力是一名优秀的体育教师所应该具备的条件。比赛教学法应该被广泛地运用到体育教学中，甚至融入其他学科的教学实践当中，为推进教学改革和发展注入一股强劲的动力。

比赛教学法在实际教学应用中要注意与传统教法的有机结合。传统教学法延续至今是有一定原因的。任何一种教学方法都是在传统教学法基础之上的合理创新，比赛教学法也不能忽略传统教学法的长处，要在满足教学比赛条件之前和教学比赛之后的总结提升阶段合理地结合传统教学，这有利于更快速地提升学生的技能水平。

三、我国高校体育复合型人才创新培养细则

（一）优化实践教学内容与体系

1. 更新时间教学观念，科学设计实践教学体系

近年来，重视学生实践能力的培养已经成为世界高等教育改革的一种趋势。体育教育专业在实践过程中，探索出了“三个阶段”和“一个平台”的实习、实训工作体系：第一阶段在平时教学过程中加强对学生基本教学能力的培养；第二阶段通过实习培养学生教学、科研和适应工作环境的能力；第三阶段通过实习后总结找出学生能力的薄弱环节并加以改进。“一个平台”是指建设一个基地教学实验与科研平台。这一工作体系在实践中取得了显著成效，培养出的学生教学基本功扎实，专业技能水平高。学校实习实训密切联系实际，强化学生的基本技能，在提高学生实践能力方面取得了显著成效。

2. 加强科研能力培养

在科研能力的培养方面，高校应将学生的毕业论文与科研能力培养密切结合，利用学科和资源优势鼓励本科生紧密结合体育运动实际参与科研活动，以综合性的专业训练和初步科研训练为目的，实施导师负责制。学校应通过学期小论文、实验设计、毕业论文、同教师一起参与攻关课题的研究等，提高学生科研创新能力；同时，一些相关的运动项目管理中心等机构建立了科研工作站，为学生创新精神和实践能力的培养、较早参加科研和创新活动创造了良好条件，促进了优秀学生在科研方面的快速成长。

（二）大力加强实践教学平台建设，构筑实践创新能力的培养平台

实践教学平台构建了基础实践教学、专业实践教学、综合实践教学三个层面的实践教学体系。基础实践教学以培养学生基本技能和基础实验能力为目的；专业实践教学主要对应培养方案中与专业基础课程和学科相关的课程实践、专业实验、各类实习实训、毕业论文等；综合实践教学主要包括与培养方案中公共选修课程相关，或与课外科技活动相关的素质拓展内容。

创新实验室是培养学生创新精神和实践能力的最佳的教学环境。这些实验室或教学实验中心的建成为学生实践训练、科技创新、学科竞赛、课外科技活动搭建了良好平台。建立创新教育与实践培养基地，开展科技创新活动，对当代大学生实践能力及解决问题的能力培养是十分重要的。

创新教育与实践培训基地为培养大学生的创新精神和实践能力，充分发挥学生的聪明才智和创造潜力，培养科技创新人才，取得高水平的成果发挥了重要作用，给学生搭建了一个开展科技创新活动的良好平台。高校应以大学生学科竞赛为载体，开展丰富多彩的创新实践活动。

（三）建立创新人才培养模式的途径如下

（1）改革制度体系，建设一支热爱教学、锐意改革的师资队伍。学校推行教授为学生开设一定学分的全校通选课程，以确保高水平教师从事教学工作。保证教授、副教授等具有科研能力的教研人员每年均能为大学生上课，从而保证教学质量的提高；进一步推进新教师主讲课程前的教学培训和试讲制度；设置学生课外活动中的创新环节，开展大面积的实践活动；精心设计大学生课外研究活动，并使之与课堂教学紧密结合，相辅相成；为了加强与推进创新人才培养模式改革，激发学生学习兴趣，学校应设置“大学生科研训练计划”，资助大学生创新实践课题立项。

（2）丰富非教学培养途径，提高创新型人才的综合素质。非教学培养途径承载的是课程教学难以独立完成的那一部分。任务的重要教育手

段是人才培养过程中不可缺少的一部分，其在培养学生驾驭知识，综合分析与解决问题、动手实践能力，提高学生的文化品位科学素养，培养学生健康心理与完善人格等方面发挥着重要作用。常年面向学生开设专题讲座，定期邀请国内外著名学者开设学科前沿性课程，举办系列讲座，在提高学生文化素质，加强科学文化知识和科学精神普及方面产生了积极作用。学校在培养方案中专门设置了学术活动学分，鼓励学生参加校内外各类学术活动。

第六章　新型体育教学模式及体育教学模式的发展趋势

第一节　新型体育教学模式构建设想

革新传统的教学观念，促成主动、开放、有效的教学是当代体育教学改革关注的核心问题。如何把一个相对被动的、沉闷的，事实上局限于指向学生技术掌握和身体锻炼的体育教学，转向主动的、活泼的，既重视体育教学的生理效应又重视其“育人”作用的体育教学，值得深思。笔者认为，构建新型体育教学模式至关重要。

一、新型体育教学模式的理论基础

新型体育教学模式的现代课程论基础教学属于课程的一部分，所以，建立教学模式必须以一定的课程理论为基础。只有明确现代体育课程中的一些基本问题，如体育课程改革的指导思想、课程目标、课程内容等，才可能建立起有效的教学模式。

（一）现代体育课程的发展趋势

1.终身体育思想已成为体育课程改革的指导思想

自20世纪60年代以来，课程理论出现两次世界性的变革：一是学科中心课程论，它主要强调智力、技术技能发展，强调学科自身逻辑与规律形成的学科结构，而忽视了学生身心特点和个人认识需要；二是人本主义课程观，它主要统一学生的情意和认识、感情和理智、情绪和行为，注重人的能力全面发展，强调教学过程既要重视智力的培养，又要关注情绪、态度、价值等内容。我国体育课程的体质、技能、技术教育思想正是学科中心课程观在体育课程中的反映，至今仍影响着体育课程的改革。而由学科结构向学习结构，由仅仅重视技术、技能向重视技能、技术、体质、能力、个性协调发展转移的终身体育思想，正是人本主义课程观在体育课程中的体现。终身体育课程思想就是要实现人的身心素质的全面提高。因此，我们应树立终身体育思想和健康第一的思想，以适应世界范围内人本主义课程理论的发展趋势，从整体上把握体育课程的改革。

终身体育思想是当代一种国际性体育思想，它是伴随着法国教育家保罗·朗格朗提出的终身教育思想而形成发展起来的。终身体育是指一个人终身进行体育锻炼和接受体育的教育，它是由人体发展规律和身体锻炼的作用以及现代社会的发展所决定的。终身体育主张在受教育后继续掌握体育和保健的理论知识，提高对体育的认识，掌握必需的体育技能，在增进健康的前提下，强调发展个性、培养能力，养成锻炼身体的习惯。终身体育主张体育生活化，通过交往促进人的社会化，注重人的心理素质和情意的发展；终身体育要求体育课程把重点放在发展上、个性上、身体差异上。

终身体育的主要特点是：①终身性——学习体育贯穿一生；②普及性——强调每个学生都可在适合自己的活动中，得到快乐体验；③开放性——要求冲破传统体育课程那种僵化、统一的体制，使学生的学习具有广阔的学习范畴；④民主性——强调学生学习机会均等，但这并非意味着每个人都受到同样的体育教育，而是指每个人都受到最好的体育教育；⑤自主性——强调教师选择教学内容的自主权和学生选择学习内容的自主权；⑥娱乐性——不以竞技运动为教学规范，而是要满足学生对体育的需求。

2. 体育课程目标实现多元化

体育课程目标是编制体育课程的出发点和评价体育课程质量的依据，

它决定着体育课程的内容、方法，制约着体育教学过程，具有导向作用。当前国内外体育课程的目标呈现出多元化趋势。体育课程目标不仅把增强体质、提高健康体质作为首要目标，而且注重培养学生体育文化素养，为终身体育奠定基础，同时强调学生个性和创造力的培养，并主张结合体育课程内容的特点，把道德教育和合作精神的培养融合在体育教学过程之中。所以，我国体育课程目标在空间上应从单纯追求学生外在技能、技术水平转移到全面追求学生身心协调发展上。在时间上，通过体育课程，不但要完成学生在学校期间体育知识的传授和技能的培养任务，还要培养学生的体育能力、习惯和对体育的兴趣，以为其终身参加体育活动打下基础。从生理、心理、社会三重维度，把体育课程目标定位于人的素质全面发展上。

3.课程内容注重学校体育主体的需求

学校体育的主体是学生。随着社会的发展，学生对体育的需求呈多元化态势，主要表现为健身需要、健美需要、娱乐需要、个性化和多元化需要。课程内容只有满足了学生需要，才能激发学生兴趣，使学生形成稳定的心理状态，实现终身体育。这正是现代人本主义课程观在体育课程中的体现。一是要重视传授终身体育所需要的体育知识。这部分知识主要包括体育基础知识、保健知识、身体锻炼与评价知识、竞技运动知识等。二是竞技运动项目的教材化。竞技体育之所以一直是体育课程的重要内容，是因为它具有丰富的文化内涵，也是人类文化宝库中灿烂夺目的瑰宝，必须把这部分文化遗产的继承任务纳入学校体育中。但是竞技体育项目作为学校体育课程内容仍有两个问题应引起我们的重视：一是选择项目时应考虑价值性、实用性、趣味性和生动性；二是要对竞技体育项目进行改造加工，使之适应学生的身心特点和实际情况。

（二）现代体育课程论与新型体育教学模式

1.新型体育教学模式的目标取向

教学目标受课程目标影响，没有新的课程目标就不可能有新的教学目标。而教学目标必须服从于课程目标。长期以来，我国体育教学在体育目标的达成方面存在着很大的偏颇，在对待有形目标与无形目标方面，始终注重有形的方面即传授体育基本技术技能，忽视体育教学对学生认知发展和情意培养方面的作用。新型体育教学模式的目标不仅要求有运动技能目标，还有情绪、态度、能力、个性等目标。目标体系中不仅有可测的行为目标，还有难以测评的反应探索、高级心理过程等方面的目标。

2. 新型体育教学模式的价值取向

新型体育教学模式的价值取向符合当今新的课程价值取向，即以学生的发展为本，把学生的发展作为教学模式的着眼点和目标。重视全体学生全面发展和个性培养相统一。以学生发展为本绝不是以儿童为中心，而是将学生的发展需要与社会要求结合在一系列的教学过程当中，保持学生、知识与社会这三者之间关系的动态平衡。学生的发展离不开体育学科内容的学习。学生通过体育学习发展自己，一方面有自身的规律，另一方面又需根据社会需要，促进学习者的发展是为了更好地为社会需求服务。

3. 新型体育教学模式的教学设计思想

前文曾述，我国传统的体育教学中缺乏构成思维动机和线索的“问题”。课程的问题中心设计模式是新型体育教学模式设计的模式基础。在新型体育教学模式中，教学过程、内容和组织形式的设计将以问题为主线。问题来源于学生的发展需要和教学内容的需要。教学设计应既关注教学内容又关注学习者的需要、兴趣、爱好等，让学习者作为一个完整的个体参与到教学中，让学习者在解决问题中学习掌握学科内容，增长解决问题的能力。

4. 新型体育教学模式中教师与教学的关系

教师与教学的关系应是一个主动设计与创新的关系。体育教师是教学过程设计构造和创新者，应在教学过程中不断地设计和调整体育课的结构与内容、学生活动的形式和内容、教学内容、教学的气氛等。

二、新型体育教学模式的现代教学论基础

教学论有许多流派，如探究发现教学理论、情意交往教学理论、认知教学理论建构教学理论等。这些理论的哲学观可能不一样，但它们对教学的一些精辟的观点却可以为新型体育教学模式所用，成为新型体育教学模式的理论基础。下面，笔者简要列举一些对建构新型体育教学模式有支撑作用的观点。

（一）关于教学目标

布鲁纳认为，教学目标应放在培养人才所需的发现学习上。教学要引导学生通过自己的主动发现来学习，使学习者通过体验所学概念、原理的形成过程来发展自己的思维能力，掌握探究思维的方法。教学要把学习知识过程与探索知识的过程统一起来，让学生在学习过程中把掌握知识结构与发现知识结构结合起来，这对于培养学生的迁移能力是有价值的。加涅认为教学是有目的、有计划地发动、激化、维持和促进学习者的学习的一整套条件。教学应侧重于培养学生的能力和发展倾向。罗杰斯认为，教学从一定意义上说只是满足个人的需要，协调个人以自身的方式获得发展的工具。因此，教学应有利于推动学生个性的“充分运转”，能使“他的自由”解放出来。教学目标指向是长期的、间接的效果、倾向、变化和整个人格的发展。教学的目标是创设一个有利于学习者培养自身能力的环境，使学习者在接受教师援助的同时能认识自身，分析自身的问题，掌握自我实现的能力。建构主义教学观认为，“教学的目标是充分发展学生的主动性、自主性和创新性，是培养能够在现实的生活世界中应用知识的能力”。因此，让学生掌握自己的思维工具，了解自己的思维和学习及其过程是建构主义学习的一个最高标志。用通俗的话说，就是学会学习，并能调控自己的学习。高校应重视发展学生自我控制的技能，使学生成为独立的学习者。

（二）关于教学过程

探索发现教学理论流派的共同特点是注重“会学”，注重学生的探索活动与传统教学注重“学会”的理念是相对立的。情意交往教学理论认为，师生之间的“情意交往”才是教学过程持续的“群体活动”，交往不仅是人们相互作用的手段，而且是人们普遍存在的方式和发展方式。交往是人与人之间的相互往来。认知学派理论的主要代表人物是加涅。对于教学，加涅认为，不管教学是否存在，学习都会发生，但通过教学可以影响学习，通过教学规划有助于学习者的学习。建构主义教学理论在教学观上强调学生学习的主动建构性，具体到学习观上，建构主义与以往的教学理论相比，更加突出了三方面的重心转移：从关注外部输入到关注内部生成，从“个体户”式学习到“社会化”的学习，从“去情境”学习到情景化的学习。建构主义认为，学习不单是知识由外到内的转移和传递，而是学习者主动地建构自己知识经验的过程。随着新经验与原有知识经验反复、双向的相互作用来充实、丰富和改造自己的知识经验。学习者不是被动的信息吸收者，相反，他要主动地建构，这种建构是他人无法代替的。

（三）关于教学主体性

综观各个教学理论流派的观点，其共同之处便是对主体性的追求。教育中的“主体”是指影响教学过程的主要原因。教育中的主体性是对立于主导性的一个概念，它是指学生自主性、主动性和创造性的总和，它是人的全面发展的核心问题。其中，学生的自主性主要指学生的自我意识与自我能力，包括学生的自尊、自爱、自信、自决、自理、符合实际的自我判断、积极的自我体验和主动的自我调控等。主动性是指学生对外界的关系问题，其中包括成就动机、竞争意识、求知欲、主动参与社会的适应性。创造性是学生在主动性和自主性发展到高级阶段的表现，它包括创造的意识、创造的思维和动手实践的能力。我们知道，学生是认识或学习的主体，学生认识的发展同其他一切事物的发展一样，内因是根据，外因是条件。教师的教是外因，学生的学是内因，外因通过内因起作用。尊重了主体，学生才可能发挥主动性或积极性，才可能举一反三，触类旁通，深刻理解知识，善于运用知识，从而适应社会的发展。教学中尊重差异，才能使教育恰到好处地施加于每一个学生，才能发挥学生的主体作用。由此可见，传统体育教学模式的最大弊端，便在于对学生主体性地位的忽视。而新型体育教学模式与传统体育教学模式的根本区别，正在于它是建立在主体性的教学理念之上的。

三、新型主体式体育教学模式

如前文所述，研究国外体育教学模式的目的在于借鉴其合理成分、积极因素及进步之处。分析我国体育教学模式的现状，旨在了解其弊端，进而为设计新型体育教学模式提供经验基础。而现代体育课程论以及现代教学论的发展则为新型体育教学模式的提出提供了科学的理论基础。

新型体育教学模式应该是主体式体育教学模式。在这种模式中，学习的主体与对象合二为一，促进了学生自我意识的形成，促进了学生的个性发展。主体式体育教学过程包括：①学习前根据学习任务和客观条件，确定自我目标，安排学习步骤和选择学习方法；②学习中监控学习过程，反馈和调整学习行为；③学习结束之前的检查，评价学习效果和补救措施；④学习结束之后的总结性评价和为今后学习提出的建议。即自我计划、监督、检查、评价、反馈和调控过程。在自我监控的体育学习过程中，学生的能动性发挥是最重要的。体育教师应注意培养和强化学生自我锻炼和学习的意识，促进学生能动性的发展：在学习中，促进学生寻求成功的感受，使其对学习中的不足学会正确的归因分析；还应该注意教师“主导”的适时、适量、准确和个性化。教师要不断培养学生的反馈意识、调节意识的技能，要发挥学生主体性的教学，特别是自我意识的形成，使之从他控到自控，从不自觉到自觉，从缓慢提高到自我监控的飞跃。这种能力的培养，一般首先应使学生有基本体育知识的积累。没有知识的积累，就失去了自我监控的“技术基础”。在学习过程中，教师应引导学生学会树立自己明确的可行的学习目标，帮助学生制订切实可行的学习计划，控制学生学习、反馈和调整计划的行为使之成为自觉，创造条件提高学生自我检查和评价的能力。

综上所述，以主体性教学观为视野，结合教学模式的基本理论，笔者认为，新型体育教学模式应具备如下特征：一是在教学指导思想上，把社会需要的体育和青少年儿童需要的体育结合起来，以实现体育教学中满足社会需要与促进学生个性发展的和谐统一，在思想与实践上逐步与终身体育接轨。二是在教学目标上，将围绕着21世纪对人才培养需求、青少年儿童身心特点等，加强对学生能力的培养，如主动学习能力、问题解决能力、思考与创造力和体育实践能力的培养。三是教学程序中，逐步融入运动目的论的思想，包括：让学生充分体验运动学习中的乐趣，满足学生的个体需要，尊重学生的自我选择，并在教师指导下逐步养成喜爱运动的态度、兴趣与习惯；引导学生充分理解和参与学习过程，在教师指导下自定目标、自我评价，允许学生自我表现，培养学生自学自练及创造性思维的能力和相应的体育运动能力；改变过去教师划一化、统一化、被动性、机械性的做法，使之朝兴趣性、自主性和丰富个性的方向发展，用一种新型的指导性组合和自由式组合相结合的形式组织学生学习，创造一种亲切、和谐、民主、宽松的课堂教学环境和组织形式。四是在教学方法上，以主体性教学观为视野，提供个别化和个性化的教学方法，包括提倡启发式教学，注意学生的心理发展变化规律，营造学生探究和尝试性的学习过程；从“个体户”式学习到社会化学习，强调群体发现、小组学习等，培养学生的社会性品质。五是在教学评价上，将以学生生动活泼的学习、个性充分发展、兴趣习惯能力养成、主要学习目标的达成等为基准。

笔者在此需要特别指出的是，我国当前应该建立的新型主体性体育教学模式既不同于我国传统的体育教学模式，也不能完全等同和趋于国外体育教学模式，而应该是介于二者之间的一种形态。其原因在于：第一，终身体育思想是体育教学改革的趋向，但由于教学条件的限制，我国的体育教学改革不可能在短期内取得全局性的根本转变；第二，中外体育教学模式在指导思想上属于不同的形态和体系，国外体育教学模式也有其难以克服的不足之处，所以借鉴国外不能全盘接受，而应吸取其先进之处，建立一种中间形态的模式；第三，在不否认技能的传授和身体锻炼的前提下，辅以教学内容、教学方法上的改革，加入关键性的程序，教学过程的结构便可以发生本质性的变化，应该可以满足我国现阶段体育教学改革的需求。

第二节　体育教学模式整体优化

一、体育教学模式整体优化的内容

影响体育教学模式结构的因素有很多，包括教学思想、教学内容、教学程序、教学方法、教学条件等因素。在诸多的因素中笔者选择了教学内容作为逻辑起点与突破口，对多元体育教学模式进行优化，其中教学条件、教师、学生特点是整体优化体育教学模式的主要因素。

（一）根据不同教学思想优化体育教学模式

体育教学思想是制订体育教学模式的灵魂，不同的体育教学思想赋予了具体教学模式生命力，使教学模式有了明确的方向盘，并时刻把握正确航线，最终完成预期的目标。为了达成某种特定的教学思想，教师需要精选教材内容。但由于教学思想的多元化，教学内容的选用也体现了多样性、复杂性的特点。为使教学思想条理化、明确化，使之从整体上符合学校体育指导思想的大方向，根据教材内容的不同性质，可把它分类为精细教学型内容（主要是指新大纲中规定的难度较大的必修教材、与终身体育相联系的选项教材等）和介绍型内容（主要指选修内容、尝试性内容、难度较小的内容等）。以上两种不同类型的教材所隐含的教学思想和要达到的教学目标是不同的。

精细教学型内容包含的教材思想有三个方面，其中“学习多项运动技术，掌握几项运动技能”最为重要，因为学校为学生准备了较好师资力量、良好的场地器材、充足的学时，使学生有机会、有条件接触与学习各种技术，并根据自身的兴趣、爱好，选择几项运动技术作为自己深入发展的目标。从效果上看，学习技术、初步掌握运动技能是外显效果，培养终身体育意识和习惯是长期效果，而身心健康则是内隐效果。精细教学型教材隐含的思想和应达到的目标已定，也为选择适当的教学模式指定了方向，应以选用心智类教学模式、运动技能教学类教学模式为主。其中心智教学模式在多项目单元教学中起到“导入式”作用，即通过情景设置（选择情境教学模式）来启发学生（选择启发式教学模式），使学生在学习正式运动技术前发现学习的意义（选择发现式教学模式），并领会其中的含义（选择领会式教学模式），充分调动学生学习的主动性、积极性（选择学生个性培育教学模式），使其进入学习运动技能的最佳状态（选择各种运动技能类教学模式）。

介绍型内容由于不需学习难度较大的运动技术，所以把了解体育项目、培养兴趣、增进健康作为该类教材的主要目标，其中培养兴趣与促进身心健康两个子目标相互联系、相互促进，共同实现该类教材的总目标。因此，这类教材的教学模式应选择情感体验类模式和体能训练类模式为主，让学生在无技术难度的宽松条件下，一方面提高身体素质，加大运动负荷，可选择训练式教学模式、身体素质模式、自练式教学模式等；另一方面通过快乐学习、成功学习，体验运动的乐趣，可选择快乐体育教学模式、成功体育模式、生活体育教学模式等。

（二）根据单元教学不同阶段优化体育教学模式

在精细教学类内容中，大纲规定了各个项目的学时，以确保各个运动项目单元教学任务的完成，并使学生能熟练掌握几项运动技能。因而“大单元教学”是一个非常重要的概念，它是指根据项目中的不同环节、重点主次安排不同的教学任务、教学步骤、教学方法，以确保各环节的衔接，并顺利完成完整动作的教学。由于在单元教学中存在着掌握技能的不同阶段，因而在教学的不同课次、不同阶段应有主次之分。有了主次，在教学模式选择上就有了差别。在初步学习动作阶段，因学生对有一定难度的运动技术缺乏了解，体育教师应尽力运用学生日常生活中的经验并通过一系列设疑活动，启发引导学生尽快积极地进入学习状态。此时选用的教学模式应以情境教学模式、启发式教学模式、发现式教学模式、领会式教学模式等为主。在进入单元教学中的第二阶段，学生已产生了较强烈的学习动机与兴趣，为学习与练习关键技术环节做好了充分准备。此阶段应主要以模仿式教学模式、程序式教学模式等技术教学类模式为主，对学生的动作进行较系统、较全面的改进和纠正，并不断进行强化练习。在单元练习的最后一个阶段中，由于学生基本掌握所学的运动技能，应进一步重复练习和巩固，并注意动作的细节问题，因而在此阶段应以能力培养模式、自学式教学模式、成功教学模式等教学模式为主。

（三）根据不同的外部教学条件优化体育教学模式

体育教学的外部教学条件分为两类：第一类指固定的一些硬件，如不同地区、各种体育器材、设备场馆；第二类是指不固定的硬软件，如各地区、各学校的传统体育项目、教具、幻灯、模型、多媒体等。优化的方法是指运用各硬件的不同组合形式，即针对具体的教学目标、教学内容和传统项目，合理地选择多种体育场地器材，并对场地进行合理的布置，且运用多种教学辅助手段，如挂图、教具、幻灯、模型、多媒体课件等来实现不同的教学目标。由于体育教师运用体育教学手段和条件的能力不同，同一教学手段和教学条件，不同的人使用和组合，也会产生不同的效果。从教学模式角度而言，不同的体育教学模式，选用的体育外部教学条件不同，但同一体育教学模式，由于选择的体育外部教学条件和组合形式不同，也会产生迥异的效果。因而，体育教师应根据具体的教学目标、模式要求，有创造性地、合理地、科学地运用和组合体育外部教学条件，使其产生最佳的体育教学效果。

（四）根据师生基础优化体育教学模式

教师是教学活动的主导，学生是教学活动的主体，主导与主体因素构成了体育教学活动的主要因素，它们是教学活动要素中最重要的成分。因而，在选用教学模式时，也要考虑到师生的具体情况、具体特点。学生在同一层面上也存在着体育基础、接受能力、个性差异等，因而只有根据不同情况采取分组教学、分层教学并选用相应的教学模式，才能有的放矢，达到较好的教学效果。就教师的主导因素而言，因其学历、知识结构、能力水平、教学风格等都体现了差异，一方面，应根据自身的实际情况、能力、水平，从众多的体育教学模式中选用适宜的体育教学模式；另一方面，更要努力跟上教学改革的形势与需要，多学习、多实践，不断提高自己的水平，掌握多种教学模式，并学会选择与运用适宜教学模式的技巧。

二、体育教学模式整体优化的策略

（一）优化体育教学目标，使之具有明确性

体育教学目标是体育教学过程的起点和归宿，是首要解决的问题，因为在整个体育教学过程中它对教学内容的组织、教学方法的实施、教学结构的建构和教学手段的运用起指导和统领作用。体育教学目标的确定有一定的依据，它具体受教育目的、学校教学目标、学科整体目标等的制约。确定体育教学目标时要明确、科学和可操作，各种目标之间要有鲜明的差异性和连贯性。体育教学目标的确定要有利于教学设计、有利于监控教学过程、有利于教学评价等。

（二）优化体育教学内容，使之具有可学习性

体育教学内容是体育教学过程中最基本、最主要的组成部分，是教学目标的载体。体育教学内容是教师和学生直接接触的材料，它是否受

到教师的欢迎，是否能使学生对学习内容感兴趣，最终会影响到体育教学目标的完成情况。因此，一定要精选体育教学内容，使之更具有可学习性，能受到学生与教师的欢迎。为了优化教学模式，教师必须选择那些学生喜闻乐见，锻炼形式活跃的内容，也可以对竞技项目进行必要的改造，使之更具有学习性。

（三）优化体育的课堂教学结构，使之具有合理性

课堂结构是体育教学模式的主要表现形式，课堂结构不仅是在规定的时间内对教学活动的各个环节、步骤的具体安排，更是教学目标、教学内容和教学方法的具体体现。课堂结构是一个复杂的系统，根据系统论整体大于各要素部分之和的观点，在优化体育教学课堂结构时不能只重视局部优化，而要着眼于整体，使课堂教学结构的各个组成部分相互协调，相互促进。

（四）优化体育教学方法，使之具有实效性

体育教学方法是指在体育教学过程中，教师和学生为了实现体育课堂教学目标所采取的行为方式的总称。包括教师在课堂教学过程中的行为活动方式和学生在教师指导下学习体育知识和技能的行为方式。优化体育教学方法要使方法的选择适应教学内容、适应学生的基础水平，使学生在尽量短的时间内掌握较多的知识和技能，并受到全面的思想道德教育，得到全面发展。体育教学方法的选用要做到科学选用、高效突出、力求创新。

（五）优化体育教学评价，使之具有激励性

体育教学评价是体育教学模式中的一个重要环节，是指运用科学的手段，依据教学目标，对教学（教师和学生）活动进行全面的、全方位的定量或定性的分析，并作出客观公正、准确的价值判断。优化体育教学评价要注意评价的全面性、民主性和发展性，最重要的是突出评价的激励作用，使评价成为学生学习的动力。

三、新课程理念下体育教学模式整体优化的框架

通过以上对体育教学模式优化理论的研究，可以证明教学过程中的教学目标、教材和学生发展水平能组合成“各种各样的体育教学模式”。适合于体育与健康课程标准中体育教学需要的教学模式，对学生体育与健康意识的培养、体育能力的提高、体育兴趣、体育态度的形成以及人格完善与个性培养等都有良好的效果。通过对新课程理念下体育教学模式整体优化的框架设计，从实现条件中用三种变量（目标变量、学生变量、教材变量）和五种组合构成体育教学模式的过程，是实现新课程理念下的中学体育教学目标的最佳途径。总之，体育教学模式的整体优化在理论和实践两方面对体育课程教学改革具有指导意义。在此基础上，教师应依据影响体育教学模式的主要变量，运用系统、综合的方法进行把握与整合，从而选择或构建符合本校特点、整体优化的体育教学模式。

第三节 体育教学模式的发展趋势

高校选择采取哪种体育教学模式，以及如何完善、改进现存的体育教学模式，都要取决于教学实践中的需要，以及教师与学生在教学实践中提出的合理性、可行性的意见与建议。

一、突出学生“主体性”的发展趋势

突出“健康第一”的理念，强调的是全面促进学生身心健康发展这一理念使得体育课程目标实现了由单一的生物体育观到多维体育观的转变。现代教学方法与手段的综合运用是指根据学生身心发展的规律以及不同学生特点采用不同的体育教学方法，做到区别对待。现代高校体育教学模式的发展趋势是重视学生的参与性，即学生的主体性，培养学生参与体育的兴趣和能力，懂得体育的内涵，使体育朝“快乐化、生活化、终身化”的方向发展，强调人在参与运动过程中达到自身满足的目的，强调人的身体、心理、社会等方面的素质得到提高的目的，这是当代体育教学模式的时代特色。

二、多种教学模式并存的发展趋势

“三基型”体育课程教学模式是一种传统的体育课程教学模式，其在我国长期处于重要地位，尤其是20世纪80年代初期，大多数高校的体育课程以这种模式为主；直到90年代后期，我国高校体育课程教学模式改革研究逐步深入，出现了众多不同的体育课程教学模式。体育课程内容发展的多样性使得组织体育课程内容时打破了以往单一、固定的传统模式。高校体育课程发展目标的多样化势必会导致多种体育教学模式并存的发展趋势。诸如“三段”型体育教学模式、“俱乐部型”体育教学模式、“分层次型”体育教学模式等。每一种教学模式存在于特定的教学情境，这就要求学校对已有体育教学模式进行整合，将各种教学方法和手段按照教学目标要求进行优化组合、综合运用，倡导科学的理论，形成比较稳定的教学模式。

三、以“俱乐部型”为主的教学模式为主的将成为未来高校体育教学发展的主旋律

“俱乐部型”体育课教学模式是一种新型的、较理想的体育教学模式，它最大的优越性在于从学生的角度考虑体育教育，使学生在接受体育时有选择权，使体育教学弹性化。这种“俱乐部型”体育教学模式增强了大学生的体育意识，使其养成经常锻炼身体的习惯，使体育教学“课内外一体化”，这有利于把大学生的体育教育过程延伸到高等教育的全过程，有利于提高大学生的运动技术水平。因此，从发展趋势来看，“俱乐部型”体育教学模式将是未来高校体育教学的主要模式。在高校体育教学中要给予大学生全方位的体育，即体能教育、健康教育、娱乐教育、竞技教育、心理卫生教育和生活技能教育，以适应竞争更加激烈的知识经济时代。为此，在高校体育教学中，无论选择什么教学内容、教学方法，采取什么教学模式，制订何种体育教学评价标准等，都要从全面育人的观点出发，只有这样才能取得全方位的体育教学效果，才能提高学生的组织能力，培养学生的锻炼自觉性，进一步提高学生的体育能力。

目前普通高校中是多种体育教学模式共存的局面。“俱乐部型”“二段型”“体育超市”教学模式是当前高校中比较受欢迎的三种模式，它们

具有强大的生命力，将成为 21 世纪我国高校体育教学的主要模式。普通高校体育教学模式的构建需要综合考虑现代体育教学模式的特征、运动技能教学特征、体育教学评价体系的特征和体育教师教学风格的特征。

第四节 体育教学组织形式的发展趋势

一、体育教学组织形式的种类

体育教学组织形式对完成体育学习目标、实施练习内容，对学生的个性和情感发展等都有重要的作用，其影响着体育学习质量的高低，是体育教学质量的保证，是体育教师业务工作的基本内容之一，也是体育教师教学能力的反映，更是体育课程改革与发展的重要体现。

体育教学组织形式按照不同的分类标准可以分为不同的种类：按照师生交流的方向可以分为直接交往和间接交往两大类；按照参与教学组织形式对象与数量结构的不同可以分为班级教学、分组教学、个别教学三种形式；其他还有如队列教学、三段式教学、四段式教学、情境教学、情景教学、游戏教学、选项教学、模块教学、俱乐部教学等不同的组织形式。每种组织形式都有一定的优点，在特定的时期具有很大的价值。例如，自班级授课制创建以来，课堂教学就成为学生获得知识、发展能力和形成个性的重要途径，也使体育教学走上了科学化道路。这些组织形式都有值得继承的地方，但是随着时代的发展，传统的教学组织形式也存在一些不足之处，必须要进行改革创新。

二、选择和运用体育教学组织形式的原则

（一）教学关系民主化原则

体育教学过程是师生交流互动的过程，新课程要求必须重视体现师生、生生的互动性，体现以“学生发展为本”的理念。课堂教学在选择和运用体育教学组织形式中应营造师生平等、民主、合作的心理氛围，不但要重视创设多向的师生教学交流情境，更要珍惜师生的情感交流与共鸣，从而使师生在合作平等互动的课堂活动中促进教学相长。

（二）物质资源条件有效利用原则

学校的物质资源指的是学校拥有的教学场所、设备、器材等，教学场所是开展体育教学活动必要的空间条件；设备、器材是师生互动的中介和传递教学信息的媒体。因此，如何对教学中的物质资源进行充分利用和合理的组织，是关系到提高教学效率的重要因素，也是优化体育教学组织形式的一个重要方面。

（三）课程的性质和内容制约性原则

体育教学组织形式取决于体育课程的性质和内容，并为达成特定的教学目标服务。体育课程主要是以技能操作和身体活动为主要特点，这就要求在现代课程理论的指导下，有效地开发利用课程资源。体育课程内容具有多样性，因而必然使得体育教学组织形式的多样并存。

（四）尊重学生个体差异原则

青少年学生正处在身心发展的关键时期，由于受各种条件的影响，学生生理、心理上存在明显的差异。教师在确定体育教学组织形式时，应充分注意到学生在身体条件、兴趣爱好和运动技能方面的个体差异，确保每一个学生受益。

（五）整合性原则

由于每一种教学组织形式各有利弊，不可能存在某种万能的教学模式，因而学校强调对各种教学组织形式的综合运用，即根据单元、课时、教学重点以及教学班学生年龄、心理特点，将全班教学、分组教学、个别指导的组织形式进行动态整合，并强化小组教学组织建设，使全班教学通过小组化学习活动这一中介，落实到每个学习个体上，提高个体学习的效益。

三、现代体育教学组织形式的发展趋势

（一）不断改革的班级授课制仍是教学的基本组织形式

班级授课制本身固有的局限性不利于照顾学生个别差异与因材施教，

然而时至今日，没有哪种教学组织形式能完全取而代之。因为班级授课制具有许多合理因素，它不仅教学效率高，而且有利于学生之间的相互学习、感情交流，以及合作精神的培养。因而各高校在改革班级授课制时，应扬长避短，给其灌输新鲜血液。如创立新的课程结构模式，加强个别指导，改变班级教学中学生的组合方式。这些都表明，班级授课制正在不断地改革，不断地完善，并和其他体育教学形式相结合，从而更显示出它的生命力。所以，现在改革中的班级授课制仍将是体育教学的基本组织形式。

（二）体育教学组织形式向个别化教学方向发展

由于个别差异的普遍存在，当今体育教学逐渐开始重视个别教学，这是由于个别教学能最充分地照顾到每一个学生的不同情况和特点。然而现实条件不允许教师一对一地对学生进行个别教学，所以有效的班级教学只有向个别化教学的方向发展。个别化教学能采用较灵活的方式组织学生，可按其能力和可妥协的程度让学生进行学习，能充分调动每个学生的最大潜能，使教学适应个别差异。个别教学还能适应并注意学生的个性发展，激励学生主动积极地参与学习活动，培养学生按自己的实际情况进行自我学习，自我发展。

（三）体育教学组织形式向多样化发展

在体育教学改革的过程中，涌现了多种多样的教学组织形式。尽管它们考虑和设计的角度不一，但具有一些共同的特征，其出发点也是一致的，都是力图使体育教学适应每个学生的兴趣、能力和需要，让每一个学生都尽可能达到高的发展水平，它们也都有各自存在的合理因素。因此，多种教学组织形式也是并存不悖的。同时，多种教学组织形式并存是与不同地区、不同社会发展水平、不同的教育发展程度、不同的教学目标相适应的。如班级授课制具有多、快、好、省的优点，较适用于较落后地区；而个别化教学的教学质量高，易发挥学生主动性，教学的条件要求也高，因而则适合较发达地区。多种不同的教学组织形式并存，也同各个地区、学校、学生的不同实际情况相适应。班级教学、分组教学、个别教学等各种形式均有适用的范围和条件。另外，从体育教学过程来看，教学是一种动态的过程，教学的对象是相互作用的人，是不断发生变化的人。如果仅以一种不变的教学形式和模式去应付万变的教学对象，也是不适应、不科学的。因而，教学组织形式向多样化发展是必然的趋势。

（四）体育教学组织形式向综合化发展

各种体育教学组织形式都有自己独特的一面，都各有利弊。教学组织形式的发展和变革使人们认识到，只有把各种教学组织形式有效地结合起来，才能发挥其长处，取得更好的教学效果，因而各种教学组织形式都是相对的，它们各有长处和短处，都具有自己的特点和最适合的适用范围。因而，在体育教学中应该有意识地选择教学组织形式，把全班教学、小组教学和个别教学这三种形式经常结合在一起，同时，保持某种教学形式在某个阶段的主导作用。近年来，日本等国家流行的小集团学习和我国的流行友伴群体学习等，就是全班、小组和个别三种教学组织形式的结合。

（五）体育教学的组织形式向“教”与“学”相结合的方向发展

传统的体育教学组织形式大多是以教师为中心构建的，是“教型”教学组织形式，学生始终处于被动地接受学习的状态，教学过程的每一步都是学生严格按教师指令，按部就班刻板地进行体育学习。而当代新课程理念下的体育教学组织主要强调的是学生在教学活动中的积极性、能动性和探索性，注重的是学生在教学活动中的主体作用，主张的是学生自律自主地进行学习，如自主学习、探究学习和合作学习等，这些方式对大面积提高体育教学质量，改善体育课堂教学的心理气氛有积极的作用。这些教学组织形式增加了学生互相交往的机会，使教学活动在集体情境下进行，体现了教育者对学生个性社会化的关心，对社会技能习得和社会情感发展的重视，是培养创新精神与实践能力新教育观念在体育教学领域的体现，使得体育教学的组织形式向“教”与“学”相结合的方向发展。

参考文献

[1] 龚坚，张新 . 体育教育学 [M]. 重庆：西南师范大学出版社，2011.

[2] 华宝元 . 体育理论知识教程 [M]. 北京：高等教育出版社，2011.

[3] 毛振明 . 体育教学改革新视野 [M]. 北京：北京体育大学出版社，2003.

[4] 曲宗湖 . 体育教学模式问答 [M]. 北京：北京人民体育出版社，2003.

[5] 申建勇，王岩 . 体育技能教程 [M]. 北京：航空工业出版社，2011.

[6] 魏纯镭，毛军平 . 体育教育与文化 [M]. 北京：北京体育大学出版社，2010.

[7] 项建明，吴亦丰，戴德翔 . 大学体育与健康教育 [M]. 北京：北京师范大学出版社，2010.

[8] 肖念，孙崇正 . 高校教育教学改革的理论思考与实践探索 [M]. 北京：人民出版社，2010.

[9] 叶澜 . 教师角色与教师发展新探 [M]. 北京：教育科学出版社，2001.

[10] 钟秉枢 . 体育院校教学改革与创新 [M]. 北京：北京体育大学出版社，2011.

[11] 钟启泉 . 现代课程论 [M]. 上海：上海教育出版社，2003.

[12] 周卫药 . 走向发展性课程评价——谈新课程的评价改革 [M]. 北京：北京大学出版社，2002.

[13] 程王林 . 基于网络和多媒体影响下的教学环境探索 [J]. 考试周刊， 2010（19）：101.

[14] 丁俊，胡启良 . 网络技术在高校体育教学管理中的应用和发展前景 [J]. 湖北经济学院学报（人文社会科学版），2013（3）：42.

[15] 樊汶桦 . 普通高校体育选项课信息化教学的研究 [J]. 体育科学研究，2013（2）：46.

[16] 韩永红，刘从梅 . 网络体育信息资源的利用与整合 [J]. 科技信息， 2010（32）：16.

[17] 何健 . 高校体育教学评价的几点思考 [J]. 体育科技文献通报，2007（5）：84.

[18] 黄腊秀 . 刍议多媒体和网络技术在体育教学中的运用 [J]. 湖北科技学院学报，2006（5）：72.

[19] 李昊，毛晓荣 . 论高校体育网络学习系统的运用 [J]. 科技信息，2009（17）：63.

[20] 李平斌，郭晶，罗飞虹，等 . 大学体育网络教学平台的构建与应用 [J]. 体育成人教育学刊，2008（3）：43.

[21] 廖辉 . 信息时代普通高校体育教学研究 [J]. 教育与职业，2010（5）：42.

[22] 罗广飞 . 体育教学中网络教育技术的应用研究 [J]. 中国科教创新导刊，2008（15）：57.

[23] 聂东风、林华、杭兰平，等 . 普通高校体育教学模式研究现状与趋向分析 [J]. 西安体育学院学报，2005（2）：108—110.

[24] 祁文文 . 对高校体育教学信息化状况的分析与研究 [J]. 教育与职业，2007（20）：25.

[25] 邵伟德，论体育教学模式的研究现状与未来发展 [J] 北京体育大学学报，2005（1）：12.

[26] 王大鹏，张兴海 . 网络教育技术在高校体育教学中的应用研究 [J]. 河北大学学报（哲学社会科学版），2007（4）：73.

[27] 项立敏 . 普通高校青年体育教师的现状及对策研究 [J]. 北京体育大学学报，1998，21（3）：54–57.

[28] 徐丽平 . 高校体育课程内容改革与大学生体育生活现状研究 [J]. 体育科学研究，2002（6）：40–42.

[29] 于志浩 . 浅析高中体育教学的多元化教学模式 [J]. 中国科教创新导刊，2012（21）：56.

[30] 宗有智 . 高校体育教学现状及改革思路探讨 [J]. 教育研究与实践，2009（9）：64–67.

[31] 包春峰 . 构建与科学、人文、健康教育相融合的高校体育教学模式 [D]. 天津：天津大学，2007.

[32] 蔡军 . 高师体育院系田径网络课程的设计与应用研究 [D]. 长沙：湖南师范大学，2012.

[33] 曹晓东 . 普通高等院校体育教学模式改革的探讨与研究 [D]. 济南：山东体育学院，2011.

[34] 曾中镛 . 网络技术对高等院校体育研究生教学的影响研究 [D]. 长沙：湖南师范大学，2012.

[35] 陈妍妍 . 普通高校体育网络教学平台的设计与实现 [D]. 北京：北京邮电大学，2010.

[36] 付得俊 . 南昌航空工业学院体育网络教学平台的开发与应用 [D]. 上海：华东师范大学，2007.

[37] 葛冰 . 体育教学模式的整体优化研究 [D]. 长春：东北师范大学，2007.

[38] 韩鸣 . 体育教学网络辅助系统的设计与实现 [D]. 成都：电子科技大学，2008.

[39] 何行 . 现代信息技术在高校体育教学应用中若干问题的研究 [D]. 长沙：湖南师范大学，2007.

[40] 侯典宇 . 快乐体育教学模式的解构与重建——以游戏理论为视角 [D]. 金华：浙江师范大学，2010.

[41] 李国良 . 现代教育技术在山西省高校体育教学中的应用现状与对策研究 [D]. 太原：太原理工大学，2012.

[42] 梁培根 . 信息技术与高校体育课程有效整合的策略研究 [D]. 苏州：苏州大学，2011.

[43] 梁双双 . 体验式培训理念对普通高校体育教学模式改革的影响研究 [D]. 南京：南京师范大学，2014.

[44] 唐爱英 . 拓展训练理念下普通高校体育教学模式改革的研究 [D]. 长沙：湖南师范大学，2009.

[45] 王德慧 . 体育教学论内容体系优化与完善 [D]. 重庆：西南大学，2009.

[46] 王姗姗 . 高校“体育教学俱乐部”模式的探索与重构 [D]. 福州：福建师范大学，2009.

[47] 徐晓郴 .“双向主体能动式”教学模式在高校体育教学中的实践研究 [D]. 湘潭：湖南科技大学，2014.

[48] 章罗庚 . 弹性学制下大学体育课程改革现状调查分析——以湖南省为例 [D]. 长沙：湖南师范大学，2011.

[49] 赵世杰 . 网络教育技术在高校体育教学中的应用研究 [D]. 广州：华南师范大学，2005.

[50] 周建华 .“三自主”选课模式下高校体育教学环境分析 [D]. 长沙：湖南师范大学，2009.

[51] 朱小芳 . 我国普通高校“三自主”体育教学模式的异化分析——以湖南省普通高校为例 [D]. 长沙：湖南师范大学，2012.